亞洲最後的淨土

張李曉娟─────────────────主編

許文志、張李曉娟、李建宏、許純碩
許淑婷、林三立、林信州、許淑敏─────著

緬甸

五南圖書出版公司 印行

序

　　有鑑於全球供應鏈重整，東協及南亞等新興市場國家迅速崛起，加上區域經貿整合趨勢，以及整體對外經貿策略考量，我國 2016 年擬定「新南向政策」政策綱領，提出「新南向政策推動計畫」，全方位發展與東協、南亞及紐、澳等國的關係，促進區域交流發展與合作，同時打造臺灣經濟發展的新模式，重新定位我國在亞洲發展的重要角色，創造未來價值。特別是改變過去以單向在東協及南亞國家成立生產基地為代工廠的政策作法，擴大與東協、南亞及紐、澳等國進行包括人才、資金、技術、文化、教育等的互動交流，創造互利共贏的新合作模式，逐步達成建立「經濟共同體意識」的目標。

　　因應此一國家經貿發展主軸，本校特別針對東協十國規劃出版系列叢書，解析東協十國各個國家的概況。在本校創辦人許文志博士、董事長許淑敏博士倡議下，第一本鎖定「亞洲最後一塊淨土」的緬甸，邀請各個作者發表專論，並指定本人擔任主編。本書區分為兩個部分，第一篇「政治、社會、教育與人文」，由三位教授主筆，第一章緬甸憲政發展分析與展望（李建宏博士），第二章緬甸的教育（許純碩博士），第三章緬甸的藝術文化（許淑婷博士），對緬甸的憲政發展、教育制度與藝術文化發展進行論述，以加深讀者對於緬甸這個國家的基本認識。

　　第二篇「經濟與貿易」，由五位教授主筆，第四章翁山蘇姬政權下緬甸的經濟發展（許文志博士）、第五章《緬甸投資法》的制定與主要內容（張李曉娟博士）、第六章緬甸的農業經濟（林三立博士）、第七章緬甸的國土開發、環境保護及交通物流（林信州博士）、第八章中國對緬甸政經轉型的影響與政策（許淑敏博士）、第九章緬甸經濟發展的現在與未來（許文志博士），從經濟、法律、農業、國土開發、對中國

關係等不同觀點切入，解析緬甸近期經貿發展的概況。

世界在變，形勢也在變；面對這樣多變的世態，各個企業經營者莫不兢兢業業，如履薄冰。特別是新冠肺炎的肆虐下，人們的生活型態產生劇變，防疫不只讓我們更接近科技與網路，連食衣住行育樂亦重新導向在宅居家模式。疫情對原有的產品生產或銷售模式產生衝擊，甚至波及產業鏈，健康、醫藥、生技業一枝獨秀，蓬勃發展。當下，企業經營者更需要創新思維，貼近現狀隨時梳理與檢討，而危機管理下的「知識」更形重要，特別是國際觀的建立；期使本書對於企業經營者未來擬定經營戰略，能有所助益。

主編　張李曉娟

目　錄

第二篇　經濟與貿易

第一篇

政治、社會、教育與人文

Chapter *1*

緬甸憲政發展分析與未來展望

李建宏*

*　美國西密西根大學國際政治經濟博士，現任環球科技大學公共事務管理研究所助理教授、環球科技大學地方發展與國際化專案辦公室執行長。

緬甸在 1948 年正式脫離英國殖民而獨立建國，然而，當被緬甸人民尊稱為國父的翁山將軍在 1947 年被刺殺之後，緬甸獨立後的政治歷史註定是動盪的開始，74 年之後，他的女兒翁山蘇姬作為緬甸第一大黨全國民主聯盟黨的領袖，也在 2021 年 2 月 1 號，在軍方拂曉發動的軍事政變之中再度被逮捕。為何作為東協成員國的一分子，緬甸的政治社會是如此特別動盪不安？這篇文章試圖從四個層面包括緬甸《憲法》、軍人政府、少數民族以及國際勢力，來分析緬甸政治發展的歷史軌跡以及未來民主化的可能走向。

第一節　緬甸憲政歷程困境

《憲法》在國家所有的法律規範中具有最高位階，它規範了國家機關的權力秩序與保障人民的基本權利與自由。《憲法》可以被看作是國家政治發展的重要觀察指標，因為它反映了政治社會文化的價值與現實。

緬甸自獨立建國以來有三部《憲法》。1947 年的第一部《憲法》確立了獨立後的緬甸為聯邦共和國。1974 年的第二部《憲法》決定緬甸走向社會主義政權之路。2008 年的第三部《憲法》則是引導緬甸進入民主化過程。

壹、1947《憲法》

緬甸獨立後第一部國家《憲法》是 1947 年英國政府和總理翁山將軍的臨時政府，就完全脫離英國獨立達成協定時制定的。新《憲法》規定由總理和內閣組成兩院制立法機構，總統則由兩院議員共同選出。非緬甸地區分為撣邦（Shan）、克欽邦（Kachin）、克倫邦（Karen）、克因邦（Karenni）和欽邦（Chin），各邦都擁有一定程度的自主權。然而這種安排事實上是各方妥協的產物，當緬甸獨立談判時，少數民族

已經表達他們想要從緬甸其他地區完全獨立的願望，最終願意與緬甸合併的決定是以聯邦政府的形式作為條件的，於是在 1947 年《憲法》第十章明文規定十年後三個少數民族保有分離權。（維基百科，2021，7月 7 日；1947 Constitution, 2021）

　　1947 年，撣邦、克欽邦、欽邦及緬甸本部於彬龍，簽署《彬龍協議》（Panglong Agreement），協議之目的是要聯合緬甸本部、撣邦、克欽邦、欽邦等，聯合向英國爭取獨立。英國統治結束後，這四個英國殖民地都可以選擇加入緬甸這個新國家，也可以各自建立獨立國家，甚至繼續留在英國的統治之下。欽族、克欽族和撣族等少數民族決定，只有在與緬族人平等和有權自決的條件下，他們才會加入緬甸。這一決定最後被納入 1947 年的《憲法》。因此，1947 年的《憲法》已經包括基本聯邦原則，並確立了緬甸獨立聯邦內各民族自決、政治和經濟平等的核心原則。（Sakhong, 2018）

　　1948 年 1 月 4 日緬甸脫離英國的殖民統治，正式宣布成立緬甸聯邦共和國。1948-1958 年，以吳努為首的反法西斯人民自由聯盟成為緬甸聯邦的執政黨。從 1948-1962 年，獨立的緬甸擁有民主文人政府，議會政治和政府由反法西斯人民自由聯盟控制，該聯盟是由群眾組織組成的民族陣線。然而這一時期由於人民力量聯盟內部以及和緬甸共產黨之間的意識形態分歧，再加上中央政府和少數民族之間在國家權力分享問題上的衝突，政治非常不穩定。這種日益嚴重的政治不穩定，導致軍方在 1958-1960 年介入成為軍事看守政府，雖然吳努在 1960 年緬甸大選獲勝而再次執政，隨後軍方於 1962 年發動軍事政變，從此緬甸一直處於軍事獨裁統治之下直到 2011 年。（Lynn, 2021）

　　自 1948 年緬甸獨立成為聯邦共和國以後，聯邦政府就管理著一個極其異質的族群人口，這樣的聯邦制度體制是適當的，因為只有讓各邦保有一定範圍的自治權，緬甸國內不同文化背景的各族群才能和平共存。然而聯邦制度的精神並沒有真正成為現實，這說明了七十多年來，

這個國家內戰一直沒有停止，社會依然持續衝突不穩定。

貳、1974《憲法》

1962-1974 年，軍事政變領導人尼溫將軍奪取政權，成立「緬甸聯邦革命委員會」自任主席，排除民選制度，開始軍人獨裁統治，在此同時尼溫也創建緬甸社會主義綱領黨（BSPP）並自任主席，開始推動一個社會主義路線的政權，中央政府嚴格控制經濟規劃。這種社會主義意識形態，在 1960 年代許多後殖民和發展中國家特別流行，這一趨勢是因為第二次世界大戰結束後，那些民選政府無法維持社會的穩定和使人民的生活改善。

1974 年緬甸頒布新《憲法》，將緬甸界定為社會聯邦共和國（The State shall be known as The Socialist Republic of the Union of Burma.），在第 11 條規定國家實行一黨制，並明文規定緬甸社會主義綱領黨成為唯一得到法律承認的政黨來領導國家（Article 11: The State shall adopt a single-party system. The Burma Socialist Programme Party is the sole political party and it shall lead the State.）。（1974 Constitution, 2021）

1988 年，緬甸經濟惡化和種族緊張關係導致全國爆發大規模反政府遊行及示威活動，長期獨裁統治的尼溫被迫下臺。蘇貌將軍接管政權，以強力手段控制局勢，並成立國家法律和秩序恢復委員會（SLORC）接管政府，但承諾舉行民主的多黨選舉，至此，1974 年緬甸《憲法》規定國家實行一黨制的社會主義路線宣告結束，此時原執政黨也由緬甸社會主義綱領黨更名為緬甸民族團結黨（NUP）（維基百科，2021，7 月 7 日）。

國家法律和秩序恢復委員會於 1990 年舉行了自由選舉，試圖穩定政治秩序。1990 年的選舉中，由翁山蘇姬所領導的全國民主聯盟和各民族政黨贏得了絕大多數席位，但軍方拒絕承認選舉結果而繼續統治，

並軟禁了翁山蘇姬和許多民主人士。如果當選者在執政黨所公布的遊戲規則之下，贏得壓倒性多數而卻被剝奪執政權利，只因爲執政黨不滿意選舉結果的話，這確定是沒有法治、不具正當性的政權。

參、2008《憲法》

2007 年，緬甸再度爆發大規模反政府遊行及示威活動，抗議最初是爲反對政府取消天然氣的價格補貼，後來演變成對政治與經濟全面性的改革要求，包括進行自由選舉、爭取少數民族權利和釋放政治犯。這一次大動員，佛教僧侶發揮了積極作用抗議軍政府的統治，這事件在後來被稱爲「番紅花革命」。（維基百科，2021，7 月 9 日）

雖然這場反政府示威活動最後被軍方鎮壓下來，但是爲了增加國內統治的合法性和國際支持來降低壓力，緬甸軍政府公布將提出新《憲法》作爲民主轉型的一部分，緬甸 2008 年《憲法》是在這背景下通過頒布的。

新《憲法》頒布後的 2010 年大選，是由軍方支持的聯邦團結與發展黨（USDP）贏得選舉，隨著 2011 年登盛總統政府上臺，新政府實施了一系列民主選舉和經濟成長的政治改革，包括解除對翁山蘇姬的軟禁、開放政黨成立、放寬媒體審查。而這些改革也使西方國家，願意逐步取消制裁和參與投資建設，以及加強了聯合國機構和國際非政府組織，提供對緬甸社會協助的機會。（維基百科，2021，2 月 3 日）

然而，分析 2008 年緬甸《憲法》後，不論是原則或是細節條文，都可以確信此《憲法》是以民主形式來合理化軍隊繼續保持其統治地位之實，並不能有效眞正過渡到民主統治。在《憲法》第 6 條規定，其基本目標之一是使軍隊能夠參與國家的政治領導（enabling the Defense Services to be able to participate in the National political leadership role of the State），其目的是確立軍方對緬甸國家發展的領導地位。

在《憲法》第 109 及 141 條規定立法機構的代表席次，軍隊代表占每個立法機構代表的四分之一，而且軍隊代表不須民選，直接由軍方指派，這意謂著軍方擁有實質的修憲否決權，因為對任何《憲法》修正案，都需要議會兩院超過四分之三的選票才能通過。

《憲法》第 40 條賦予國防總司令在緊急情況下宣布接管國家統治的權利（the Commander-in-Chief of the Defense Services has the right to take over and exercise State sovereign power in accord with the provisions of this Constitution），換言之只要軍方認定，如果出現可能導致聯邦解體、民族團結瓦解和喪失國家主權的緊急狀態，或因此而企圖以叛亂或暴力等非法強迫手段進行，《憲法》提供軍方合理化軍方接管的法律依據。（2008 Constitution, 2021）

精心設計的 2008 年《憲法》限制了翁山蘇姬的全國民主聯盟，在政治上、經濟上或法律上挑戰軍方特權的能力，儘管在 2015 年 11 月緬甸大選，翁山蘇姬領導的全國民主聯盟取得執政權，結束軍政府長達 54 年的統治，並在 2020 年 11 月取得了更為澈底的勝利，並得到民眾的廣泛支援。就在 2021 年 2 月 1 日，軍方在拘留了溫敏總統和翁山蘇姬以及其他人士後，引用了《憲法》第 40 條的緊急條款，宣布國家進入為期一年的緊急狀態，軍方指控 2020 年 11 月的大選存在大規模投票舞弊行為，聲稱其接管政權的《憲法》合法性，並將在一年後舉行新的選舉後，將權力移交給民選政府。接著追求民主的緬甸民眾發動大規模的抗議示威到全國罷工。

代表人民議會的委員會（CRPH）是由全國民主聯盟前議員在 2 月 1 日軍事接管後成立的平行政府。CRPH 在社交媒體上宣布 2008 年《憲法》無效，並提出一份聯邦民主憲章，以建立一個保證平等和自決的民主聯邦為目標，來結束緬甸長期的軍事統治，並滿足其無數少數民族群體對其地區更大自治的長期要求。這些提議具有政治意義，因為反對軍事統治的抗議運動一直在尋求與少數民族武裝團體結盟，並希望他們組

建一支聯邦軍隊，作為政府武裝部隊的制衡力量。對於平行政府，軍方則先將他們劃定爲恐怖組織，接著直接解散翁山蘇姬建立的全國民主聯盟，然後再以「叛國者」的名義起訴她以及黨內幹部，澈底瓦解反對黨在緬甸的合法存在空間（Junta's foes woo ethnic allies with new Myanmar constitution, 2021）。

2008 年《憲法》是緬甸目前動盪局勢的根源，條文儘管已經將某種程度的權力移交給了民選政府，但是緬甸仍然是由軍方控制的國家，在體制內修改《憲法》已成爲實質性民主化的一項重要前提，但是以軍方目前的實力及做法，民主改革的前景是悲觀的。在體制外，就目前以平行政府所訴求的聯邦民主憲章來取代現行《憲法》，其困難度更高，然而就促進緬甸民主改革而言是有實質幫助的，因爲它提供對那些反對軍方尋求聯邦改革的人，一套合理的論述與想像，使得改革的力量能夠維持。

第二節　緬甸政府的軍人干政

緬甸軍方（Tatmadaw）長期以來一直是緬甸最具影響力的政治力量。緬甸軍方的武力部隊對於建國獨立有直接的貢獻，然而隨著軍方長期統治政權，它對經濟層面的控制也全面展開，而也衍生出自身的經濟利益。因此要如何使軍方轉變成正常民主國家的專業功能角色，而加強民選政府對軍事、政治和經濟的主導權，是緬甸民主化轉型的關鍵挑戰。

從 1962-2011 年，緬甸政府一直處於軍方的直接控制之下，這段期間西方國家對緬甸實施嚴格的經濟和軍事制裁，而自 2011 年以來爲了釋放內外壓力所實施的民主改革，包括支持自由民主選舉、開放經濟和與少數民族的停火協定，只是形式上更合法化軍方的實質影響力。緬甸軍方是用兩種策略掌握了國家權力，而可以長期控制緬甸政府。一方面

是通過 2008 年《憲法》來合法化它的關鍵執政權利，另一方面是介入主導經濟發展來支援它的財務需求。

2008 年《憲法》保障軍隊權力的規定，除了前面已說明的軍方擁有《憲法》修正否決權，以及總司令可以宣布國家進入緊急狀態的條款以外，還包括軍方控制三個關鍵部長。根據《憲法》第 232 條，總統必須任命由總司令提名的國防部部長、內政部部長和邊境事務部長（The President shall, obtain a list of suitable Defence Services personnel nominated by the Commander-in-Chief of the Defence Services for Ministries of Defence, Home Affairs and Border Affairs.）。換言之，軍方掌控了軍警系統、情報單位和邊境管理。

在經濟發展層面而言，第 37 條規定聯邦政府是地上和地下、水面上和水下以及空中所有土地和所有自然資源的最終擁有者（the Union: [a] is the ultimate owner of all lands and all natural resources above and below the ground, above and beneath the water and in the atmosphere in the Union.）（2008 Constitution, 2021）。就是這項《憲法》原則條款，可以讓軍方控制的政府，透過國家企業或其他形式，合法全面介入緬甸的重要經濟層面，建立起了一個自給自足的經濟體系。軍方所掌控的企業以緬甸經濟控股有限公司（Myanma Economic Holdings Limited, MEHL）和緬甸經濟公司（Myanmar Economic Corporation, MEC）為主，MEHL 負責所有主要的外國投資，而由國防部下屬的 MEC 則被授權從事廣泛的經濟活動，包括寶石和礦物開採、石油和天然氣的開採、電信等重要的經濟開發，這兩個軍方掌控的公司，為軍方取得豐厚的收入（Economic interests of the Myanmar military, 2019）。

2021 年 2 月的軍事政變，可以說是軍方自獨立以來所面臨最大的挑戰，而且是自己造成的。在制定 2008《憲法》時，軍方有足夠的自信認為，接下來的民主改革開放後，不論政治局勢如何的轉變，他們依然可以長期支配政府並保護其利益。然而軍方低估了過去 10 年緬甸相

對自由的開放社會，透過不同的社交媒體或其他形式，已讓緬甸人民更進一步的接觸外面的自由世界，尤其是那些將民主自由視爲理所當然的知識青年，自然強烈質疑軍方接管政府的正當性而無法接受軍事政變。這樣的情況已經不是軍方自稱，軍事接管是符合《憲法》的合法行動，而是沒有正當性的問題。這種緬甸人民普遍的集體意識，導致不同形式的全面抗爭，而迫使軍方必須動用更殘忍的鎮暴行爲，試圖迅速維持穩定秩序，然而也就是這樣殘暴的不人道行徑，激起他們更強烈的抵制軍事統治。緬甸軍方利用其長期控制的國家權力，成爲社會中占主導地位的政治和經濟力量，它已成爲強大的國家機器而限制了國家民主化發展。軍方掌握著國家機器，它有太多的政策工具，可以給反對人士扣上破壞社會團結製造動盪的帽子，過去歷史有太多的例子包括臺灣。穩定的政治秩序當然是一個值得追求的目標，因爲激烈的政治失序，經濟、社會都無法正常發展。然而，在追求民主轉型的過程中，社會必然會經歷失序的陣痛期，這是全體人民要付出代價共同忍受面對，只因爲要追求更公平正義的政治秩序。

緬甸人民追求民主的抗爭，已經造成軍方的嚴重威脅，但是要讓軍方主動放棄他們現有的既得利益，這是違反人性。這就可以解釋爲什麼軍方，即使在國內外強大壓力情況之下，一意孤行選擇暴力鎮壓，只因爲要保護而且繼續維持他們的政治經濟利益。從民主化的歷史軌跡而言，緬甸想在短期內達到西方世界理想中的實質民主化，不論從目前的現行《憲法》內容、軍方的優勢武力與經濟實力，似乎並不樂觀。然而，民主化的趨勢是不可逆的，只是要多久的時間，以什麼樣的形式來呈現，這是我們無法預測的。

第三節　少數民族利益衝突與國際勢力

壹、少數民族利益衝突

　　緬甸是一個多族裔、多語言和多宗教的多元文化社會，根據聯合國最近的數據，截至 2021 年 7 月緬甸目前的人口為 54,787,660 人，緬甸正式承認 135 個民族，其中緬族人（Bamar）占多數，約總人口的 68%，主要集中在中部的平原上，非緬族的少數民族占總人口的 32%，主要居住在高地邊境地區。主要的少數民族為撣族（Shan, 9%）、克倫族（Kayin, 7%）、若開族（Rakhine, 3.5%）、孟族（Mon, 2%）、克欽族（Kachin, 1.5%）、欽族（Chin, 1%）、克耶族（Kayah, 0.75%）。89% 的緬甸人信仰佛教，其他則是信仰基督教、天主教、印度教、伊斯蘭教以及部落人民的在地信仰（維基百科，2021，4 月 25 日）。

　　1947 年，緬甸軍隊創始人翁山將軍，與欽族、克欽族和撣族領導人達成了《彬龍協議》（Panglong Agreement），這確立了緬甸聯邦內各民族自決、政治代表和經濟平等的核心原則，這協定為將權力從英國政府移交給一個統一的緬甸建立基礎，然而獨立後緬甸政府並未遵守協議，這也成為少數民族所屬各邦反對緬甸政府的原因之一。七十年之後，在 2016 年翁山將軍的女兒翁山蘇姬所領導的民主聯盟終於執政，與她父親一樣，立即召開所謂的二十一世紀的彬龍會議（Kumbun, 2017），致力於不同民族間的和解，以及討論真正落實聯邦精神的《憲法》改革，但是由於在 2008 年的《憲法》限制之下，以及各個少數民族，對於如何實現民主自決平等的聯邦制有不同的看法，協議進展不是很順利，但整體而言這個過程卻是緬甸民主發展的另一個重要轉捩點，因為一個共識已經再度被確認，那就是對少數民族而言，沒有自決、聯邦制和種族平等，政治發展就不可能產生實質性和持久的和平。

　　緬甸自建立國家開始就面臨著緬族與少數民族的融合相處問題。緬

甸軍政府長期以來一直試圖通過軍事征服、經濟安撫讓步與文化教育緬族化的聯合戰略來控制少數民族地區。當然為了自保,少數民族也建立許多不同類型的民族武裝組織(EAO),在民族認同與軍事力量層面對抗緬甸軍事政府。就消極面而言,EAO 的存在意義,是不被緬甸軍事政府全面控制,包括土地與文化;就積極面而言,則是如何在聯邦共和國之下爭取邦內實現自決和平等的權利。在其獨立七十多年中,緬甸軍隊和 EAO 之間發生了多次武裝衝突,主要戰場分布在山區的克欽邦、撣邦與若開邦,可以說緬甸自建國以來至今,族群內戰從未停息過。(維基百科,2021,7 月 13 日)

　　緬甸政府對少數民族所實施的棍子和蘿蔔戰略,只能表面暫時平息種族叛亂。但是對全緬甸進行一套緬族化教育政策,就是與尊重多元文化的聯邦精神背道而馳,這會使少數民族的新一代產生自我身分認同的問題。就如同一位緬甸民主人士 Stella Naw 的自白:「從我 5 歲開始上學以來,我學到緬族國王跟英雄的英勇事蹟,我會大聲朗讀緬語詩,甚至還會跳緬族舞,事實上我卻是一位克欽族人,但我不懂族人的歷史及文化,甚至還覺得唸克欽語很丟臉,一點都不想跟別人說我的名字。」(韓亞庭,2018)。

　　長期以來,緬甸的少數民族一直感到被軍事政府邊緣化和受到歧視,尤其是戰爭地區的大多數人更是居無定所而貧困。因此少數民族對在 2015 年底翁山蘇姬所領導的全國民主聯盟贏得大選寄予厚望,希望為多年來的內戰找到解決的辦法,來爭取民族權利和自治權。然而翁山蘇姬上任後,政治局勢發展讓他們的希望逐漸破滅,原因是全國民主聯盟領導的政府執政期間,衝突和流離失所並無改善,顯然翁山蘇姬無法有效掌控軍方。特別是在羅興亞危機事件,由於緬甸政府不承認羅興亞人是緬甸官方認定的少數民族,羅興亞人的法律和政治權利一直是衝突的根本問題,大量羅興亞穆斯林人遭到暴力驅逐,翁山蘇姬與其政府的作為讓她的名聲跌落谷底,諾貝爾和平獎的人權人士,現在卻變成人權

殺手，聯合國甚至把緬甸政府對付羅興亞人的作為，稱作是種族清洗的教科書範例："textbook example of ethnic cleansing"（Myanmar Rohingya, 2020）。

2021 年 2 月 1 號的軍事政變剛開始時，對少數民族而言心情是複雜的，因為這是軍事緬族人跟民主緬族人之間的政治權力鬥爭，雖然他們比較能夠接受民主的緬族人政府，畢竟是民選的，但是也質疑翁山蘇姬的執政能力與誠意。因此雖然在所有民族國家和地區，民眾反對政變的情緒都很明顯是反抗的，但也只有最大的少數民族政黨──撣族民主聯盟立即站出來反對政變，因為族群領導人知道在軍方和全國民主聯盟領導人之間鬥爭之中，他們如果公開站出來反對政變可能會受到軍管政府強力鎮壓的後果。（The Cost of the Coup, 2021）

然而政變之後，隨著軍方無差別地暴力鎮壓示威者，可能造成緬族人對少數民族新的同情，進而改善彼此之間的關係，因為當軍方施加暴力的對象再也不限定於高地少數民族，將使緬族人愈來愈能體會少數民族的困境。軍方可能低估他們引發的政變的後續效應，緬甸軍方試圖殘酷鎮壓民眾，快速恢復政治秩序只會加強反對派的決心。與此同時，少數民族看到全緬甸發生了大規模的反政變抗議活動，他們可以感受到現在多數團結的信心在增加，大家都共同反對恢復獨裁軍事統治，並且已充分了解持續內戰衝突的核心問題，就是民族地區缺乏平等和自決。在民主聯邦體制之下，中央政府與邦和地區各級政府之間按比例分配權力，少數民族可以享有人的尊嚴，從自然資源分配和稅收到權力劃分，找到適當的平衡大家才能和平共存，戰爭才能結束。

貳、國際勢力

為了理解國際勢力對緬甸軍事政府的影響力，就必須要了解緬甸獨立的歷史。緬甸的現代國家是在脫離殖民主義下建立的。自 1947 年獨

立以來，國內族群衝突持續而未能建立一個穩定和繁榮的國家，也一直擔心外國的干涉，緬甸領導人因此對維護國家主權有極度的不安全感，尋求幾乎完全自治、不受國際影響就是緬甸政府國際政策的意識形態。這就可解釋爲什麼許多現行開放性的全球化趨勢，都無法有效促使軍方走向民主或經濟改革而融入國際社會。軍事領導人一直堅持緬甸盡可能按自己的方式做事，對國際事務保持被動的心態。（Economic interests of the Myanmar military, 2019）

　　緬甸政府雖有這種抗拒外國干預的意識形態，我們也仍然可以解釋爲什麼，2011 年以來緬甸政府採取一系列政治改革及對外開放的國際政策，這是因爲，當軍事政府的國內執政正當性受到挑戰、經濟發展陷入困境之時，政治改革以期獲得國際社會支援便無法避免。然而這只是暫時性的被迫妥協策略，軍事領導人的基本心態並沒有改變，2017 年的羅興亞危機事件以及 2021 年 2 月的軍事政變，都說明了，只要危及到軍方的核心利益價值，他們還是會抵抗國際譴責壓力而一意孤行。

　　根據國際危機組織分析（Responding to the Myanmar Coup, 2021），在計算過國際社會的可能反應，軍方仍然發動 2021 年 2 月的政變，是基於三個原因：首先，軍方願意犧牲過去十年自由化帶來的國際認可和經濟收益，以換取他們的國內核心利益。其次，國營企業主要經營國內市場或向鄰國出口資源，因此不太可能受到西方制裁的重大傷害。第三，軍事領導人與重要的國家有著密切的聯盟關係，尤其是在聯合國安理會擁有否決權的中國和俄羅斯，至於東協則是以不干涉其成員國的國內政治而聞名。

　　相較於各國的有限反應，美國則有較具體的制裁行動，美財政部外國資產管制辦公室聲明表示美國已對 2 家大型軍方企業施加制裁，包含緬甸經濟控股及緬甸經濟公司都被凍結所有在美資產，還在軍方企圖領走中央銀行存在紐約聯邦儲備銀行的 10 億美元儲備金之前，適時予以凍結。美國期望對該實體祭出針對性制裁，能向緬甸軍方發出明確訊號

停止暴力並恢復緬甸民主。（邱惠鈺，2021）

就聯合國方面而言，針對緬甸軍方政變的反應，由 15 名成員組成的安全理事會，強烈譴責緬甸軍方對平民使用暴力，要求釋放包括翁山蘇姬和總統在內的所有被拘留者，並要求反轉政變。安理會以主席聲明的形式採取的這一立場，甚至得到了俄羅斯和中國的支持。這個聲明沒有約束力，但它在外交政治上仍然是有意義的，這代表國際社會拒絕承認緬甸政變政權的任何國際正當性。（Ozturk, Gilani, & Khaliq, 2021）

緬甸在 2008 年公布施行的現行《憲法》，是軍方精心設計來把他們所想要的利益明文規定制度化，主要目的是軍隊能持續保持對緬甸政治和經濟的全面控制。如此的《憲法》或許具備合法性，但確定是不具備正當性。除非 2008 年《憲法》能廢除國會議員選舉的四分之一軍方代表保留席而改成全部席次由人民直接選出，否則緬甸無法進行實質性的民主改革。但是當緬甸軍方的利益介入政治與經濟如此之深，再加上他們掌握優勢的武力，期待軍方主要領導人願意主動展現他們的政治智慧，來協商如何進行真正的民主轉型，這個機率幾乎不可能。2021 年 2 月 1 日軍事政變，軍方再度展現如果政治發展的情況不如他們期待，他們隨時可以改變現狀，可是這一次軍方可能低估緬甸人民的反抗意志，因為成千上萬的緬甸人民走上街頭，這次不只有少數民族，各行各業的緬族人也站出來抗議軍事接管。

在抗議的過程當中，他們明知道他們戰勝不了槍枝，對抗只會導致暴力鎮壓傷亡，那麼為什麼他們要去打一場贏不了的戰爭呢？到底是什麼促使緬甸人民冒著他們的生命危險，而站出來參加反政變抗議呢？答案或許是如同一位 21 歲上街頭的大學生卡卡（Karkar）所強調的 —— 免於恐懼的自由（freedom from fear）：「比起死，我更怕被這些軍人統治，我更怕從此失去自由，有些老一輩的緬甸人活在過去被軍政府統治的記憶中，因此不想反擊，只想維持現狀；但年輕一代的緬甸人不希望整個世代都活在這樣的恐懼中、不想要回到過去的緬甸，大家知道在

這關鍵時刻，必須團結起來做些什麼。」（呂欣憓，2021）

　　變動社會的政治秩序，雖然可以合理化軍人政府為了維持政治穩定，所採取的強勢作為，但是這個穩定是以什麼樣的代價來維持？如果強勢作為是以違反人權的暴力方式，那麼後續效應，難道不是種下另外一個憎恨的種子嗎？軍方基於自身利益，有惰性而不願意改變習慣的運作方式，緬甸的政治發展史是一個持續衝突的過程，我們想要問，所有的利益相關者到底要做什麼，才能共同產生出可以相對穩定而且保障基本人權的生活方式，而不是持續生活在恐懼憎恨的不確定生活狀態？對絕大多數的緬甸人而言，這樣的要求太多嗎？

　　緬甸民主化的政治發展未來的可能走向，是由所有利益關係者包括軍方政府、少數民族、國際勢力、當然還包括廣大的緬甸人民共同決定，但由於每一個利益關係者都有不同的選擇，因此我們無法預測，但是有一點共識是確定的，修改《憲法》並且落實民族自決以及權力分享的聯邦制，緬甸才能真正過渡到民主政治的政權，也才能讓所有不同價值的人民和平共存，而這個共識的如何實現也是所有關心緬甸政治民主化的有志之士，應該要思考的問題。

參考文獻

1. 呂欣憓，2021，〈拒絕活在恐懼中緬甸年輕世代「不自由毋寧死」〉，中央社，取自網址：https://www.cna.com.tw/news/first-news/202103100107.aspx。

2. 邱惠鈺，2021，〈【緬甸政變】美凍結軍方寶石公司所有資產「斷財源直到停止暴力、恢復民主」〉，上報，取自網址：https://www.up-media.mg/news_info.php?SerialNo=110457。

3. 維基百科，2021，〈緬甸民主改革〉，取自網址：https://zh.wikipedia.org/wiki/%E7%BC%85%E7%94%B8%E6%B0%91%E4%B8%BB%E6%94%B9%E9%9D%A9。

4. 維基百科，2021，〈緬甸民族〉，取自網址：https://zh.wikipedia.org/wiki/%E7%BC%85%E7%94%B8%E6%B0%91%E6%97%8F。

5. 維基百科，2021，〈緬甸〉，取自網址：https://zh.wikipedia.org/wiki/%E7%BC%85%E7%94%B8#%E6%94%BF%E6%B2%BB%E4%B8%8E%E5%86%9B%E4%BA%8B。

6. 維基百科，2021，〈緬甸內戰〉，取自網址：https://zh.wikipedia.org/wiki/%E7%BC%85%E7%94%B8%E5%86%85%E6%88%98。

7. 維基百科，2021，〈緬甸憲法〉，取自網址：https://zh.wikipedia.org/wiki/%E7%B7%AC%E7%94%B8%E6%86%B2%E6%B3%95。

8. 維基百科，2021，〈2007年緬甸反軍政府示威〉，取自網址：https://zh.wikipedia.org/wiki/2007%E5%B9%B4%E7%B7%AC%E7%94%B8%E5%8F%8D%E8%BB%8D%E6%94%BF%E5%BA%9C%E7%A4%BA%E5%A8%81。

9. 韓亞庭，2018，〈「種族清洗」還不夠翁山蘇姬領導緬甸的全力推行「緬族化」少數民族語言文化岌岌可危〉，風傳媒，取自網址：https://today.line.me/tw/v2/article/ReBegz。

10. 1947 Constitution (2021). Retrieved from Myanmar Constitutional Tribunal Office Web site: https://www.constitutionaltribunal.gov.mm/en/content/1947-constitution-0.

11. 1974 Constitution (2021). Retrieved from Myanmar Constitutional Tribunal Office Web site: https://www.constitutionaltribunal.gov.mm/en/node/1009.

12. 2008 Constitution (2021). Retrieved from Myanmar Constitutional Tribunal Office Web site: https://www.constitutionaltribunal.gov.mm/en/node/892.

緬甸憲政發展分析與未來展望

13. Economic interests of the Myanmar military (2019, September 16). Retrieved from UN Human Rights Council Web site: https://www.ohchr.org/EN/HRBodies/HRC/MyanmarFFM/Pages/EconomicInterestsMyanmarMilitary.aspx.

14. Fisher, J. (2016, March 30). Myanmar: Thein Sein leaves legacy of reform. Retrieved from BBC News Web site: https://www.bbc.com/news/world-asia-35916555.

15. Junta's foes woo ethnic allies with new Myanmar constitution (2021, April 1). Retrieved from Associated Press Web site: https://apnews.com/article/thailand-yangon-myanmar587c55a3227917ccf34ea9052bea41ee.

16. Kumbun, J. (2017, August 1). Secession, Federalism and Decentralization. Retrieved from Mizzima Web site: https://www.mizzima.com/news-opinion/secession-federalism-and-decentralization.

17. Lynn, K. (2021, March 1). Reflections on military coups in Myanmar: and why political actors in Arakan chose a different path. Retrieved from Transnational Institute Web site: https://www.tni.org/en/article/reflections-on-military-coups-in-myanmar.

18. Myanmar Rohingya: What you need to know about the crisis (2020, January 23). Retrieved from BBC News Web site: https://www.bbc.com/news/world-asia-41566561.

19. Ozturk, M., Gilani, I. & Khaliq, R. (2021, March 20). Myanmar: 'Military coup triggers shift in national consciousness'. Retrieved from Anadolu Agency Web site: https://www.aa.com.tr/en/asia-pacific/myanmar-military-coup-triggers-shift-in-national-consciousness/2182486.

20. Responding to the Myanmar Coup (2021, February 16). Retrieved from International Crisis Group Web site: https://www.crisisgroup.org/asia/southeast-asia/myanmar/b166-responding- myanmar-coup.

21. Sakhong, L. (2018). Constitutional Development in Myanmar: Interview with Dr. Lian Sakhong. Retrieved from: https://www.hss.de/download/publications/AMEZ_23_Verfassung_05.pdf.

22. The Cost of the Coup: Myanmar Edges Toward State Collapse (2021, April 1). Retrieved from International Crisis Group Web site: https://www.crisisgroup.org/asia/south-east-asia/myanmar/b167-cost-coup-myanmar-edges-toward-state-collapse.

Chapter *2*

緬甸的教育

許純碩[*]

[*]　美國斯伯丁大學教育博士，現任環球科技大學企業管理系副教授。

第一節　緬甸的教育制度

壹、緬甸的教育機構與教育制度規劃

緬甸的教育系統從初等教育到高等教育均受教育部所管轄，在首都、北部及南部 3 個地區各別設置了教育部，全權負責監督教育政策的實施機構（利重直子，2021）。包括基礎教育、職業及技術教育、高等教育、考試、研究與國語的推展等（揚洲松，2000）。

緬甸的教育為小學 5 年（初等教育前期 3 年＋後期 2 年），前期中等教育 4 年，後期中等教育 2 年，亦即是 5、4、2 制（丁川朝，2013）。緬甸的學校 6 月入學、3 月畢業，大學等高等教育是 11 月入學，隔年 9 月畢業（利重直子，2021）。

根據丁川朝（2013）；利重直子（2021）；吳象元、闕士淵（2016）；Lokethar（2020）等人的研究，緬甸的教育制度規劃如下：

一、小學教育：義務初等教育 5 年

緬甸的義務初等教育僅限於小學 5 年就結束了，小學教育是招收 5-10 歲的學齡兒童，提供 5 年免費的課程。

（一）小學低年級（初等教育前期 3 年）

一年級至三年級被稱為小學低年級，這個級別的共同核心課程主要教授緬甸語和英語、數學和科學等學科。階段性學科則以生活技能、自然科學及公民與道德等科目為主。

（二）小學高年級（初等教育後期 2 年）

四年級至五年級被稱為小學高年級，這個級別的核心課程則以社會科學（歷史、地理）及基礎科學為主。如果想要繼續升學時，學生必須通過基本科目的綜合考試。

二、中等教育

緬甸的初中和高中隸屬於基礎教育體系。緬甸的初等教育學校共有三種，分別是：公立學校、私立學校和宗教辦學學校。

（一）初等中學（前期中等教育 4 年）。

（二）高等中學（後期中等教育 2 年）。

課程修了時舉行考試，合格者授予修了證書。另外，一年制的職業訓練學校也是有的，修了者授予中等學校修業證書。

三、高中教育：2 年

稱為十年級（Grade 10）和十一年級（Grade 11）。高中教育分為三類組，並且有補習教育。

（一）生物組（俗稱 Bio 組）：大約有九成的學生選讀生物組。

（二）經濟組（俗稱 Eco 組）：約一成左右的人選讀經濟組。

（三）文科組：約一成左右的人選讀文科組。

（四）補習教育：大概分為課後伴讀（Guide）、單科補習、全科補習（Day-tuition）和寄宿式補習（Border-tuition）等。

四、高等教育

大學有「學士課程」、「碩士課程」、「博士課程」。

（一）大學課程：3-6 年。

工商業學士學位課程的在學期間為 6 年，偏重於工程技術領域，包括「設計、計算、應用和維護」；短期大學：3 年；專科學校：5-6 年。

（二）碩士課程：2 年。

（三）博士課程：4 年以上。

貳、緬甸基礎教育教學課程規劃

緬甸基礎教育學校小學教學課程規劃為共同核心課程與階段性學科；初等中學除共同核心課程外，另外加入初級職業課程；高中學生在進入高中後會選擇以下兩種途徑之一：科學或藝術。高等中學，除緬甸文、英文、數學及社會科學（地理、歷史、經濟）、自然科學（物理、化學、生物）等核心課程外，學生則必須從選修課程（包括：地理、歷史、經濟、緬甸史、物理、化學、生物）之中另外修習三門。這些課程的選擇還決定了他們要參加哪些考試，以及可以申請哪些大專院校。（吳象元、闕士淵，2016）課程規劃如表 1：

表 1　緬甸基礎教育學校教學課程規劃

修業階段	共同核心課程	階段性學科
初等小學（3 年）	緬甸文、英文、數學	生活技能、自然科學、公民與道德
高等小學（2 年）		社會科（歷史、地理）、基礎科學
初等中學（4 年）	共同核心課程 + 初級職業課程	
高等中學（2 年） 補習教育： 課後伴讀（Guide） 單科補習 全科補習 （Day-tuition） 寄宿式補習 （Border-tuition）	緬甸文、英文、數學、社會學科（地理、歷史、經濟）；自然學科（物理、化學、生物）	物理、化學、生物、地理、歷史、經濟、緬甸史

資料來源：吳象元、闕士淵（2016）。

參、緬甸與臺灣教育的比較

緬甸的教育制度：小學 5 年（5-9 歲）、中學 4 年（10-13 歲）、高中 2 年（14-15 歲）、大學 3-4 年（16-19 歲）、碩士 2 年（20-21 歲）、

博士4年（22-25歲），與臺灣的小學6年（7-12歲）、中學3年（13-15歲）、高中3年（16-18歲）、大學4年（19-22歲）、碩士2年（23-24歲）、博士3年（25-27歲），相差兩年的時間。根據1月5日緬甸高等教育政策與臺灣教育部的教育計畫與訓練部門所提供的2010年教育體制結構的資料顯示，緬甸與臺灣的教育制度入學年齡的比較如表2所示：

表2　緬甸與臺灣教育制度與入學年齡

緬　甸																						
小學 5年 初等小學階段3年 高等小學階段2年					中學 4年 初等中學階段				高中 2年 高等中 學階段		大學 3-4年 不同專業有 不同修業年限				碩士班 2年		博士班 4年				
5	6	7	8	9	10	11	12	13	14	15	16	17	18	19	20	21	22	23	24	25	26	27
小學6年						中學3年			高中3年			大學4年						碩士班 2年		博士班 3年		
臺　灣																						

資料來源：Department of Education Planning and Training, MOE (2010)；

Myo Thein Gyi (n. d.). Myanmar Higher Education Policy. Jan. 5. 2010.

第二節　改革開放前的緬甸教育

壹、君主（王政）時代的教育（九世紀-1886年）

　　傳統上緬甸是重視並強調教育的國家。在緬甸，宗教學校在其教育體系中扮演著重要的角色。他們提供免費教育，尤其是針對無法負擔正規教育的貧困家庭的孤兒或兒童。在鄉村，小學的教育經常是在修道院裡進行的。緬甸兒童在6、7歲時會被送到寺裡出家，進行免費的啟蒙教育，學習本國的文化知識和佛教知識；8-10歲的男孩都將在附近的

佛教寺院上學，在那裡他們將學習到佛經、緬甸語，並接受閱讀、寫作和算術等基礎知識及技能教育。可是在男尊女卑的制度下，幾乎沒有婦女接受過教育，她們的學習主要是在家裡進行的，因爲她們必須學會如何操持家務。雖然初等教育爲五年義務教育，但仍然有三分之二至四分之三的學生在完成五年學業前就輟學了。（維基百科，2021年2月8日）

貳、英國殖民時代的教育（1886-1948年）

英國在緬甸的存在已有近一個世紀，因此教育體系以英國的體系爲基礎。在英國殖民統治期間，世俗教育得以普及，該國獲得了相對較高的教育水準，婦女獲得教育的機會也大大的提升。在前殖民時代，傳統的佛教寺院教育體系中強調男性教育。從 1911-1921 年開始，在校女學生人數增加了 61%（增加了 4.5 萬名學生），從 1921 年到 1931 年又增加了 82%（增加了 10 萬名學生），主要是通過全民教育形式擴大了殖民和私立教育體系、女子學校。公共行政、法律、醫學（增長96%）、教育（增長 64%）和新聞業中的婦女也增加了 33%。（維基百科，2021 年 4 月 1 日）

1921-1931 年間，就有超過 10 萬緬甸女生進入中小學就讀，緬甸還設立了不少專門的女子學校。同期緬甸女性的就業比例有顯著增長，公務員的女性比例提高了三成、教育行業的女性比例提高了六成，而在醫療護理行業，女性更激增了九成。（沈旭輝，2017）

在 1946 年，佛教徒開始了修道教育計畫，在偏遠地區開設了更多的修道學校，當時緬甸的識字率高達 80%，部分原因是社會主義和佛教對識字率的高度重視。然而緬甸的教育制度繼承了殖民時期教會教育的體罰制度，幾乎沒有高中生未被體罰過，體罰的方式也五花八門。在補習班裡，講師在上面講課，兩個助教則會拿著棍子在臺下巡走，一旦發現有人在講話或不專心，棍子就會往學生背部抽，棍子打在肉體上的

巨大聲響不絕於耳。（吳象元、闕士淵，2016）

參、吳努政府時期：議會制民選時代的教育（1948-1962年）

緬甸於 1948 年 1 月 4 日獨立之後建立了議會制民選政府，開始了民選總統的體制。從 1948-1962 年接受了私立學校這類型的教育，其學校曾經被認爲是亞洲最好的學校之一。獨立後的最初幾年，緬甸擁有廣泛的網路教學，雇用外籍教師教授英語和其他科目。直到 1960 年代，奈溫（Ne Win）政府頒布法令，視英語爲殖民者的語言，不允許在學校教授英語，也因此外籍教師被趕出了國門。1962 年的政變孤立了緬甸，使緬甸陷入了貧困，所有學校都被國有化，教育水準開始下降。直至 1997 年正式加入東南亞國家協會，又於 2011 年改制回歸民主，才突破國際制裁，並開始加速發展其高等教育。（陳沛雯、王俊斌，2017）

肆、軍政時期（1962-1974年）

1962 年奈溫將軍以國家正面臨即將瓦解的危險爲由，發起政變，把民選總理巫努（U Nu）趕下臺，開啓了他的緬甸式社會主義時代。

一、將全國學校公有化

緬甸軍政府上臺後，於 1965 年，隨著一年前《新大學教育法》的通過，將全國學校公有化，緬甸語取代英語成爲緬甸大學的教學語言，導致緬甸人的英語水準迅速下降。軍政府還打破大學正規學制，開設各種兩年制地區學院（regional college），來取代常規大學教育，而這類學院的授課水準與正牌大學不可同日而語。此時期的緬甸擁有不合格的師資、很少的資源和陳舊的教材，軍政時代的緬甸教育水準已遠遠落後於其他發達國家。（沈旭輝，2017；維基百科，2021 年 4 月 13 日）

二、形成不同版本的少數民族教育制度的學校

緬甸少數民族語言教育的實施與緬甸的民族衝突密切相關。緬甸的「民族教育」（ethnic education）一詞，指的是少數民族反抗團體所施行的教育。自 1962 年軍事統治以來，政府對於少數民族強制進行同化的教育政策。各族的民族反抗團體與民間的社會運動者，無不透過武裝衝突以及發展各自的民族教育制度，來保護與重建少數民族的語言及文化，同時試圖抵抗緬族加諸於少數民族的主體性國家教育，形成了少數民族教育制度下兼具了不同版本的學校，例如克倫邦就存在著三種學校，第一種是政府設立的學校，以緬語教授政府通過的課程；第二種為反抗團體克倫民族聯盟（Karen National Union, KNU）經營的學校，以克倫語教學，並著重克倫族歷史教育；第三種是晚近出現的「混合學校」，兼具前述兩種課綱的教學內容。（全球視野看民族編輯部，2016）

三、背誦式的教育

軍政府時期創建的教育課程，採取背誦式的教育，現實狀況是培育出很多善於記憶，卻不會思考、不會勇於行動的人民，疑似軍方設法阻止人民培育成才，以穩定政府的統治權。另外，薪資低，老師都會兼業開私人補習班。補習班為了招生，老師在公立學校的授課只教到一半，剩下的課程，必須到補習班學習，否則無法理解。因此三年級左右的學生不得不將多餘的錢繳交到私人補習班。但是沒有錢的學生仍然無法上補習班，學習遇到挫折，因此而休學的學生也大有人在，形成有錢人愈發有錢，貧窮的人愈發貧窮的樣態。（佐佐翔太朗，2018）

四、職業教育系的誕生

緬甸革命委員會於 1962-1974 年頒布了《技術、農業和生活藝術

法》，1974 年 2 月根據這項法律，成立了技術、農業和職業教育系，爲教育部所轄部門。根據《1973 年基礎教育法》的主要目標是：爲適當的職業教育和培訓奠定基礎，優先重視能夠增強和發展生產力的科學教學，優先重視能夠保存和發展國家文化、美術和文學的藝術教學。職業教育系的成立，提高了個人有效爲社會做貢獻的能力以及促進自我的發展。目的是爲了提供國家培育農業、工業和其他專業的技能勞動。爲追求大學教育打下堅實的基礎。主要教育目標是：(1) 使每個人都能接受基礎教育，以提高道德水準爲基礎的教育；(2) 發展國家建設所需的知識，包括科學和技術知識，培養忠於國家並爲國家建設事業做出貢獻的技術人員、熟練工人和熟練的知識分子，並具有實用的知識，培訓公民，使他們實現全面發展；(3) 允許所有具有知識能力、才幹和勤奮精神的人接受大學教育。

伍、緬甸社會主義時代的教育（1974-1988年）

一、排華運動

緬甸政府於 1980 年代對於初等教育的充實不遺餘力、小學校的開設也逐漸增加。緬甸華人非常重視教育，在緬甸擁有醫學、工程學或博士學位的華人比例相當高，若非奈溫政府推行1982年的《國籍法》（該法將公民分爲普通公民、準公民、歸化公民三類），外國人不能成爲緬甸的入籍公民，嚴格限制了緬甸華人的緬甸公民身分，不能接受包括醫療、工程、農業和經濟在內的高等教育，相信這個比例會更高。許多富裕的華人家庭只得將子女送到市裡的中小學英語學校、中國和新加坡的大學接受教育，或將其子女送往海外，特別是泰國、馬來西亞和新加坡等地接受高等教育。此外，臺灣也是一個主要的目的地，臺灣政府曾經提供援助和獎學金以吸引海外華人到臺灣學習或定居。（維基百科，2012）

二、民主運動、遊行示威

1988 年，為照顧生病的母親，翁山蘇姬返回緬甸。同年 8 月 8 日緬甸發生「8888 民主運動」。運動起因是當年 3 月，緬甸大學生對於軍政府施政的不滿，遊行時與軍警爆發衝突。隨著民眾與政府矛盾加劇，至 8 月分，大學生、農民、工人等都投入示威，引來政府強硬鎮壓，翁山蘇姬就是那時候開始成為民主運動領袖的。長期執政的奈溫軍政府下臺，但是爭取民主的示威群眾最終遭到軍隊血腥鎮壓，新的軍政府隨後掌權。（維基百科，2022；周怡蘭，2017）

三、東南亞地區人類發展指數最低的國家

緬甸軍政府自 1962 年政變之後，即以鞏固國家安全之名公開地實行各種壓迫少數民族的緬化政策（Burmanisation）：獨尊緬人（Burma）與佛教，抑制少數民族的文化、語言、宗教與最重要的民族自決權。1967 年的排華運動、1988 年的學運以及半世紀的軍事極權，邊區的少數民族展開超過半世紀的武裝抗爭；長年內戰不只讓成千上萬的老百姓流離失所，它也拖垮邊區的基礎建設和經濟發展，而教育和醫療等資源也是極度匱乏，曾在歷史上輝煌一時的緬甸，淪為整個東南亞地區人類發展指數最低的國家。（周怡蘭，2017）

陸、軍政時代的教育（1988-2011年）

一、宗教革命

1988 年軍方正式掌權，緬甸再度進入軍事統治時期，當時的佛教同樣備受打壓。在 2007 年，有超過 8 萬名的僧侶加入反政府示威行列，被稱為「袈裟革命」或「番紅花革命」。（歐敬洛，2021）宗教學校最終在 1992 年經政府許可正式成立，在 250 個鄉鎮中就有 1,400 多所修

道學校設立。

二、少數民族爭取教育改革

在軍政時代，克倫民族聯盟（KNU）設有克倫教育部（Karen Education Department, KED），從 1990 年代中期開始，研發課程綱要，新課程包括克倫族的民族史、民族語言、文化、數學與科學等科目。其教育模式排除同化主義，讓各邦有更多權力來主導教育事務，是少數民族教育界對當前教育改革的期待。並且主張以「兒童為核心」的方式取代死背式的教育，鼓勵學生參與課堂討論，並採用本族的在地案例來設計課程內容。當時有兩個可能的方案：一是緬甸各族共同設計全國一致的課綱，納入各族的歷史與文化，並在國內所有學校使用；另一方案為，由政府設計 60% 全國必須遵循的課綱，另外 40% 的課綱則由各族（或各邦）自行擬定。然而，這樣的訴求取決於政治情勢及民族衝突能否獲得和平發展。（全球視野看民族編輯部，2016）

軍政府用高壓手段統治到 1988 年 8 月 8 日，由於國內長年的羅興亞人權問題、經濟困境、內部戰爭、貨幣貶值、基礎建設不足、各項建設執行不力等因素，再加上每年雨季的嚴重水災，使得當年獲得國際肯定的諾貝爾和平獎得主，民主的鬥士翁山蘇姬對於執政者的批評，激起了學生的抗議活動、學生的起義，所有大學關閉了兩年。自 1990 年以後，政府面臨大學衝突的危機，教育體系的結構薄弱，軍政府也強制大學和研究所實施不定期的開學日。於是在 1996 年和 1998 年又發生了一系列的學生罷工，導致學校又關閉了三年。（雙曉，2018）

三、學生示威遊行

在軍政府執政後期，緬甸大學生曾發起反政府示威遊行，於是軍政府又對大學校址重新規劃，將大學分散在城市周邊地區，以便阻止大學生迅速聚集；學潮洶湧時，軍政府甚至曾下令大學停辦。在 1999 年大

學重新開放後，政府便將大學分散到不同地區。某些大學的搬遷是在相關部委的領導下進行的。制定了新的制度，將大學學期縮短了一年，只提供三年課程的學士學位。如此種種，令緬甸教育水準一落千丈。（沈旭輝，2017）

四、支援產業人才育成的組織

　　MIB（Myanmar Institute of Bandking）是緬甸銀行協會的研修部門，於 2002 年成立，設有 1 年制的專業科目和 2 年制的半工半讀方式的修課方式。CVT（Center for Vocational Training Myanmar）是瑞士國際紅十字會於 2002 年創立的職業培訓機構。其主要的培訓特點是遵循瑞士和德國廣泛實施的學費制課程進行的。該中心的主要三個培訓計畫包括：面對中小學輟學群體的年輕人教育項目 Education for Youth（E4Y）、面對高中畢業生的職業培訓項目、面對 CVT 教師和培訓師的培訓項目。Strategy First Institute（SFI）是成立於 2010 年的私立學院，迄今已派出 2 萬名學生和講師。目前，它在仰光市有四個校區，在曼德勒、蒙育瓦各有一個校區，學生人數為 2,500 人。（高橋與志，2019）

　　以上國際英語學校或其他私立學校的學生沒有資格參加入學考試，也沒有被允許入讀緬甸大學的資格。取而代之的是，他們通常在海外學習，例如在新加坡、馬來西亞、澳大利亞、英國和美國。2010年，有 695 名緬甸留學生在美國學習，特別是在私立文科學院學習。（Jeffrey Hays, 2014）

五、規劃長期教育發展計畫

　　緬甸受到全球化經濟影響，為了促進國家社會經濟的發展，擴充高等教育的就學機會，帶動國家的發展，同時促進國家認同與文化保存。此時期已規劃執行三十年期（2001-02 FY － 2030-31 FY）長期教育發

展計畫（Thirty-Year Long-Term Education Development Plan），透過教育投資進行教育改革並最終達成人力素質提升的目的。在《三十年教育發展計畫》中與學前教育、中小學教育改革相關的 10 項計畫由教育部基礎教育司（the Basic Education Sub-sector）所擬訂：(1) 致力發展國家現代化的教育體系；(2) 提供全民基礎教育；(3) 提升基礎教育品質；(4) 在基礎教育的不同階段規劃初級與一般職業技能教育；(5) 發展學習與通訊科學，奠定 E 化學習基礎；(6) 致力教育全方位的公民；(7) 建構教育管理的能力；(8) 結合社區共同實施基礎教育活動；(9) 改進非體制教育；(10) 改善教育研究。（王俊斌，2019）

六、一個學系也可以成為大學

在臺灣一間大學至少要包含三個學院，而在緬甸卻無這樣的規定。軍政府在 2006 年將全國範圍內的各種學院（Collage）和專科（Institute）「無痛升級」爲大學。在這次更名運動下，仰光醫學專科學校（Institute of Medicine, Rangoon）被更名爲仰光醫學大學（University of Medicine, Rangoon），雖改稱大學，卻依然只有一個醫學系，可說是全球獨一無二的一個現象。（吳象元、關士淵，2016）

七、基礎教育仍亟待發展與改革

根據聯合國教科文組織的最新數據顯示：2010 年全球仍有超過三千萬的小學適齡兒童失學，這些兒童主要集中於貧困地區。其中作爲世界最不發達國家之一的緬甸，它的基礎教育仍亟待發展與改革。（湯先營，2013）2011 年，緬甸的教育支出僅占國內生產總值的 0.8%，與世界各國比較是最低的國家之一。2018 年提升到 1.92%，在 150 個國家中排名 145 位。而緬甸在軍費上的支出是其在教育和衛生保健上的總和的五倍。（Global note, 2021）

第三節　改革開放後的緬甸教育

壹、民主主義時代（2011-2021年）

軍政府於 2011 年結束了對緬甸的統治。在他們統治的 50 年間，緬甸的高等教育體系只剩下了一個空殼。緬甸總統登盛（Thein Sein）2011年上任後，新政府表白民主自由才能帶領緬甸經濟起飛，開始進行各種改革，用於教育的公共資金也大幅增加，獲得教育的機會大幅提升。

一、報禁解除、民營日報得以出刊

隔年 12 月便宣布報禁解除，民營日報可申請出刊執照。2013 年 4月 1 日，包括《The Voice Daily》在內四家日報正式上市，打破軍政府統治 50 年來，由黨報《緬甸新光報》壟斷的局面。過去被視爲學運動亂源的仰光大學，自 1997 年停收大學生的禁令，去年 12 月也宣布解除，仰大全校 20 個系，每個系招收 50 名學生。教育改革的齒輪漸漸轉動，學界和業界開始呼籲，由舊教育體制培養出的老師，不能再活在舊思維當中，因爲這是個不斷改變的時代。（黃文玲，2014）

二、制定國家教育戰略計畫

《2012-21 年國家教育戰略計畫》是根據 2012 年開始的全國性綜合教育部門審查而制定的。NESP 代表了緬甸教育的重要里程碑，這是緬甸的第一個教育部門計畫。登盛政府在高等教育的四項積極措施：(1)改變大學入學考試制度；(2) 修正高等教育法規；(3) 制訂中長程計畫，提升高等教育素質；(4) 推動緬甸高等教育走向國際化，促進緬甸高等教育的發展。（陳沛雯、王俊斌，2017）

三、頒布《私立學校法》，鼓勵私校的教育參與

2011 年 12 月頒布了《私立學校註冊法》，跨出教育改革的第一步，以加強私立學校的教育參與。當年獲得教育部許可的 67 所私立學校中，有 20 所私立學校獲准設立。緬甸仰光國際學校是一所相當受歡迎的私立學校，通過廣泛均衡的課程盡可能的提升教育水準。（楊仲青，2016）

緬甸投資委員會（MIC）於 2018 年 4 月 20 日發布通令，宣布批准國內外投資者在教育領域進行投資。依照通令，緬甸國內外企業可以開辦私立基礎教育學校（Private basic education school）；私立技術、職業與培訓學校（Private technical, vocational and training school）；私立高等教育學校（Private higher education school）；民辦主體性學校（Private subject based school）；在緬甸教育部和相關政府部門的指定下開辦的私立學校（Private school designated by the Ministry）。所有私立學校須按照教育部和相關政府部門規定的課程或國際課程進行教授。（Samantha Wu, 2018）

2018 年 8 月緬甸允許外商投資私立基礎學校、技術、職業及培訓學校、高等教育學校、專業學校及政府指定的學校等。（經濟部／緬甸臺北經濟文化辦事處，2021）

2020 年 9 月，包括仰光大學在內的 16 所大學獲得了自治權。高等教育局局長 Thein Win 表示，這 16 所大學將被允許起草一個適合每個地區的碩士科系及教學大綱，這可以由每所大學自行起草，教育部不會干涉大學的管理，教學風格可以根據每個省邦的需要來設計。（經濟部，2021）

四、呼籲促進緬甸的職業教育，在學校開設 TVET 課程

國策顧問翁山蘇姬（Aung San Suu Kyi）於 2016 年 7 月分在奈比都

舉行的技術職業教育培訓論壇上呼籲促進緬甸的職業教育，她呼籲學生和家長重視職業教育。緬甸發現，由於缺乏人力資源，阻礙了該國因應不斷增長的產業所帶來的就業機會與技能需求。因此，該國應努力更加重視職業培訓，以期滿足日益增長的勞動力市場對於技能的需求。當時在緬甸已經有 13 個部會，包括教育部在 247 所學校中開展了 TVET 課程。根據官方數據，私營部門正在開設關於 16 種職業技術教育與培訓的 210 多個課程。（Chan, 2016）

　　緬甸的職業教育分為中等職業教育和高等職業教育兩個層次。政府技術高中和政府技術學院是公共職業教育機構的兩個機構。緬甸政府通過立法，保證職業教育的質量，設置了國家資格認證和質量保證委員會。但是，緬甸在職業教育的管理、資本投資、質量保證和校企合作方面仍然面臨嚴峻挑戰。（Wu, 2019）

　　緬甸自 Insein 政府成立技術學院以來，在緬甸各地建立了 25 所政府技術學院（GTI）和 3 所 GTC 學校，「工程技術人員教育」就已經扎好了基礎，並且 Insein GTI 正在發展成為技術和職業培訓與教育的「中心」。政府技術學院的課程屬於聯合國教科文組織教育系統分類中的「專上教育」的技術和職業教育與培訓（TVET）類別。只要經過一段時間的服務與經驗的吸收，AGTI 文憑的持有者可以等同專業工程師（PE），與任何工程學位的持有者一樣。（Lokethar, 2020）

五、大力發展職業教育、引進外商投資

（一）滿足勞動力市場需求的職業培訓

　　亞洲開發銀行的工作報告指出，缺乏技能阻礙了經濟成長。具體而言，問題在於勞動力不成熟，教育水準低的緣故。（Tanaka, Spohr & D'Amico, 2015）

　　為了追求國家的發展，緬甸政府已經將勞動密集型產業「農業、能

源和採礦、旅遊業、金融、基礎設施、製造業和電信」設定為優先發展的 7 個系列行業，在該國的勞動力市場上可以創造數百萬個就業機會。根據 2014 年緬甸人口普查的數據顯示，擁有 5,200 萬人口的勞動年齡人口（15-64 歲之間）眾多，這對緬甸來說，將勞動密集型產業定位為經濟增長的主要動力是值得的。亞行 2015 年一份經濟工作報告說，人力資源的發展對於緬甸經濟的持續快速增長至關重要。緬甸經濟的增長速度部分取決於勞動力的素質。緬甸想成功地克服工業中熟練工人的匱乏，並避免長期勞動力短缺和招募非技術工人可能造成的未來經濟困境，就需要擴大當前的職業培訓環境並加強制度。政府有責任通過審查和利用現有資源，對職業培訓進行更加集中和全面的管理。加強培訓機構和勞動力市場之間的聯繫（學術界與產業界的聯繫），通過地方當局的支持措施鼓勵培訓機構，共同努力使培訓課程標準化，並建立培訓評估機制。（Chan, 2016）

（二）成立民辦職業培訓機構

2014 年成立的民辦職業培訓機構，為服務業和 IT 行業培養實用型人才（高橋與志，2019）。2017 年 6 月 27 日，緬甸投資委員會（MIC）公布了歡迎外資及本地投資者加入的十大優先投資領域，具體包含：(1) 農業及相關服務、具附加價值的農產品生產業；(2) 畜牧和水產養殖業；(3) 有助於出口擴張的產業；(4) 有助於進口替代的產業；(5) 電力業；(6) 物流業；(7) 教育服務業；(8) 健康醫療業；(9) 廉價房建設；(10) 開發工業區。（中華民國對外貿易發展協會市場研究處，2017）

（三）日緬產業發展願景

產業人力資源開發是發展中國家和新興國家共同面臨的問題，政府、援助機構和國際組織公布的相關政策和戰略都在緬甸得到了強調。例如，緬甸政府與日本合作創建了緬甸產業發展願景，並且指出了人力資源開發的重要性。（經濟產業省，2015）

（四）瑞士－緬甸職業培訓機構

位於仰光 Botataung 鎮的職業培訓中心（CVT）是由外國援助建立的著名職業培訓機構，是瑞士對緬甸人力資源開發的貢獻。（Chan, 2016）

（五）臺灣－高等教育展

「2016 年緬甸臺灣高等教育展」分別於當年 7 月 3 日及 5 日在緬甸兩大城市仰光市及曼德勒市舉辦，由教育部國際及兩岸教育司楊敏玲司長率領 36 所臺灣的大學院校，共有約 80 位臺灣的教育行政主管及學校代表參加，顯示對拓展與緬甸教育界合作交流的重視。（國際及兩岸教育司，2016）

（六）臺灣－數位機構計畫（TDOC）電腦中心

臺灣於 2015 年起在仰光設立第一個數位機構計畫（TDOC）電腦中心，隨即與緬甸教育／資訊／社區／慈善等機構合作，陸續在緬甸設立十餘個數位機構中心，推動電腦運用課程、硬體組裝維修班、種子師資培訓、資訊安全研習營等多元培訓課程，並共同舉辦微電影競賽、資通教育志工、電子化政府及智慧城市等研習營，與緬甸合作提升資訊技能及縮短數位落差。（李朝成，2020）

（七）新加坡－緬甸職業培訓學院

此外，緬甸也與其他國家合作建立了一些國際合作職業教育機構，例如：緬甸工業培訓中心、緬甸職業培訓中心、新加坡－緬甸職業培訓學院等（SMVTI）。（Wu, 2019）位於仰光 Bahan 鎮的新加坡緬甸職業培訓學院（SMVTI）是新加坡對緬甸人力資源開發的貢獻。（Chan, 2016）

貳、2021年緬甸軍方政變

緬甸軍方在 2021 年 2 月 1 日以「大選舞弊」為由發動政變，推翻翁山蘇姬所領導的「全國民主聯盟」民選政府後，引發緬甸各地民眾的

抗議與地方武裝團體的起義，並與政府軍開戰。緬甸克欽獨立武裝與政府軍連日來在克欽邦的拉咱、八莫、帕敢等地持續發生衝突，政府軍出動戰鬥機對克欽獨立武裝控制區進行了轟炸。據緬甸媒體報導，當地時間4月14日下午，雙方在八莫地區交火，在衝突中約有30名政府軍士兵陣亡，並有18名政府軍士兵被俘。克欽獨立武裝方面稱，被俘士兵將被押送到總部拉咱。（李志良，2021）至2022年1月3日已經有1,398位抗議民眾與旁觀者被軍人射殺身亡，其中包括45名年齡小於18歲的未成年人，悲劇仍在繼續重演中。（維基百科，2022）

參考文獻

1. 丁川朝，2013，〈參觀緬甸的中學教育〉，2021年4月5日取自網址：https://www.youtube.com/watch?v=wwidm3FfaHc。

2. 中華民國對外貿易發展協會市場研究處，2017，〈緬甸產業合作與拓銷商機〉，新南向系列市調報告，2021年4月11日取自網址：https://reurl.cc/RrnAVz。

3. 王俊斌，2016，〈緬甸教育現況與體制外華文學校發展～封閉國度加入世界體系的變化〉，國立臺北教育大學課程與教學傳播科技研究所，取自網址：https://www.google.com/search?sxsrf=AOaemvKjiqaLjtubg0q7867czPOeS5pu3g:1630169024800&source=univ&tbm=isch&q。

4. 王俊斌，2019，《緬甸歷史多元種族與教育制度發展概述》，論文發表於東南亞地區教育與華人教育學術研討會，南投縣：國立暨南國際大學師資培訓中心，中興大學機構典藏，取自網址：https://ir.lib.nchu.edu.tw/handle/11455/61141。

5. 全球視野看民族編輯部，2016，〈緬甸的民族教育體制〉，《原教界》，2017年4月號74期。2021年4月22日取自網址：https://alcd-web.s3-ap-northeast-1.amazonaws.com/uploads/2017/12/14/f812ad7eb-

8cec6090672be981260d561.pdf。

6.　吳象元、闕士淵，2016，〈最嚴酷的高考與最低的大學錄取率，真正的「考試地獄」在緬甸〉，The News Lens 關鍵評論網，2020年4月23日取自網址：https://www.thenewslens.com/article/44959。

7.　李志良，2021，〈內戰了!不滿軍政府獨裁 緬甸克欽獨立武裝打死30名政府軍〉，新頭殼newtalk，2021年4月25日取自網址：https://newtalk.tw/news/view/2021-04-15/564146。

8.　李明洋摘譯，2016，〈緬甸教育的問題與解決之道〉，小李的特教資訊站，摘譯自Myanmar Economist，2015年5月20日取自網址：https://myanmareconomist.wordpress.com/2015/05/20/hungry-youth-myanmars-education-system/。

9.　李朝成，2020，〈臺緬合作簽署備忘錄 協力緬甸偏鄉社區推動數位教育〉，新住民全球新聞網，2021年4月28日取自網址：https://news.immigration.gov.tw/ID/NewsPost.aspx?NEWSGUID=6bb04d87-2097-4e8b-acbe-c2aa536830c1。

10.　沈旭輝，2017年4月14日，〈緬甸教育市場：亞洲人才孵化機會重生嗎？〉，咫尺地球／平行時空。https://glocalized-collection.blogspot.com/2017/04/blog-post_67.html。

11.　周怡蘭，2017，〈非我族類，緬甸永遠的次等公民〉，轉角國際，2021年4月12日取自網址：https://global.udn.com/global_vision/story/8664/2373906。

12.　國際及兩岸教育司，2016，2016緬甸臺灣高等教育展。取自網址：https://depart.moe.edu.tw/ED2500/News_Content.aspx?n=79D4CEEC271FCB57&s=580D50326719F505。

13.　陳沛雯、王俊斌，2017，〈緬甸高等教育制度及其民主化變革之探究〉，中華民國比較教育學會，83期。

14. 陳宛頤，2017，〈緬甸新南向市場商機系列講座〉，外貿協會市場研究處，取自：緬甸教育/4緬甸發表會簡報-陳宛頤上載用.pdf。

15. 湯先營，2013，〈緬甸：政府投入經費將基礎教育學制提升至12年〉，光明日報。

16. 黃文玲，2014，〈教育停擺數十載 緬甸記者受衝擊〉，PeoPo公民新聞，2021年4月25日取自網址：https://www.peopo.org/news/238669。

17. 楊仲青，2016，〈緬甸教育制度的改革對華校發展之衝擊〉，《僑教與海外華人研究學報》，7期，中原大學海外華人研究中心。

18. 楊洲松，2020，〈緬甸學校制度〉，教育大辭書，國家教育研究院。

19. 經濟部／緬甸臺北經濟文化辦事處，2021，〈緬甸未來5年將增加投資教育體系〉，經貿透視雙週刊亞洲商情。

20. 維基百科，2012，〈緬甸華人〉，2021年4月27日取自網址：https://www.wikiwand.com/zh-mo/%E7%B7%AC%E7%94%B8%E8%8F%AF%E4%BA%BA。

21. 維基百科，2021，〈緬甸佛教〉，2021年4月25取自網址： https://zh.wikipedia.org/wiki/%E7%B7%AC%E7%94%B8%E4%BD%9B%E6%95%99。

22. 維基百科，2021，〈緬甸聯邦共和國〉，2021年4月1日取自網址：https://zh.wikipedia.org/zh-tw/%E7%BC%85%E7%94%B8。

23. 維基百科，2022，〈2021年緬甸軍事政變〉，2022年3月13日取自網址：https://zh.wikipedia.org/wiki/2021%E5%B9%B4%E7%B7%AC%E7%94%B8%E8%BB%8D%E4%BA%8B%E6%94%BF%E8%AE%8A。

24. 歐敬洛，2021，〈緬甸政變／緬甸的宗教力量／佛教僧侶尚未加入示威行列〉，香港01，2021年5月1日取自網址：https://reurl.cc/GxZMXD。

25. 雙曉，2018，〈未完成的緬甸民主革命：「8888運動」30週年，脆弱的民族依舊在軍方手中掙扎〉，The News Lens 關鍵評論，2021年4月25日取自網址：https://www.thenewslens.com/article/101578。

26. Graphtochart.com，2021，ミャンマーの義務教育期間の推移と他国との比較，2021年4月23日取自網址：https://graphtochart.com/education/myanmar-compulsory-education-duration-years.php。

27. 大月健翔，2018，人事的舞臺導入事例集～ミャンマーにおける教育制度について，2021年4月23日取自網址：https://reurl.cc/8o41pd。

28. 加藤德夫，2018，「ミャンマーの子どもに考える教育を」小学校教科書を一変させるJICAプロジェクト総括の加藤德夫さん，myanmar-express.com。

29. 佐佐翔太朗，2018，ミャンマー教育の現状について，2021年4月23日取自網址：https://sasakanemoto6.com/post-573/。

30. 利重直子，2021，外國人採用・雇用。ミャンマーの大学ランキング～入学・卒業は何月？義務教育は？大学進学率は？取得できる学位は？，2021年4月23日取自網址：https://university.globalpower.co.jp/179913/#i1。

31. 高橋与志，2019，アウンサンスーチー政権下のミャンマー経済，産業人材育成の現状と課題，文眞堂，単行本（學術書），共著。

32. 經濟產業省，2005，「ミャンマー産業発展ビッジョン-Next Frontier in Asia: Factory, Farm, and Fashion~」。

33. Chan, Aye. (2016). *The Role of Vocational Training in Myanmar's Development*. MYANMAR INSIDER. Retrieved from: https://www.myanmarinsider.com/the-role-of-vocational-training-in-myanmars-development/.

34. GLOBAL NOTE (2012-2021)，ミャンマーの統計データ，Retrieved from: https://www.globalnote.jp/post-2671.html.

35. Lokethar (2021). *Gobernment Technical Institute and the Vocational Education.* The Global New Light of Myanmar. Retrieved from https://www.gnlm.com.mm/government-technical-institute-and-the-vocational-education-system/.

36. Myo Thein Gyi (n.d.) (2010). Ethnic Education System in Myanmar. Global Scope foe Ethnos. Retrieved from: https://alcd-web.s3-ap-northeast-1.amazonaws.com/uploads/2017/12/14/f812ad7eb8cec6090672be981260d561.pdf.

37. Naing, S. S. (1997). *The Development of Vocational Education in Myanmar* (1988-1997). Department of History University of Yangon.

38. Tanaka, Spohr, & D'Amico (2015). Myanmar Human Cacitral Development, Employment, and Labor Markets. *Asian Development Bank Economics Working Paper Series (469)*, 61. SSRN.

39. Wu, Qiuchen, (2019). Technical and Vocational Education and Training in Myanmar. Bin Bai Paryono. *Vocational Education and Training in ASEAN Member States.* Pp.133-153. Springer Link.

Chapter *3*

緬甸的藝術文化

許淑婷[*]

[*]　美國斯伯丁大學教育博士，現任環球科技大學通識教育中心副教授。

第一節　緬甸宗教與藝術文化

　　緬甸有 89% 的人信仰上座部佛教，5% 的緬甸人信仰原始宗教，其他則是信仰漢傳佛教、伊斯蘭教、基督新教、天主教、印度教等，所以緬人文化因為受到佛教及鄰國文化的影響，所以寺院成為傳統文化生活的重心。佛教在緬甸占絕對主導地位，而基督宗教在緬甸北部少數民族地區（含東南克倫族）則較為流行。因昔日受到緬甸中央政府較大的限制，近年隨著緬甸民主改革，這些佛教以外的宗教傳播及信仰者也得到了保障。（汪佳燕，2017；何則文，2017；蔡娪嫣，2018；呂嘉穎，2019）緬甸種族雖眾多，但歷史文化各異，依語言分類就有 135 個與八大族系，其中以緬族最大，占總人口的 68%，以四個族群為主：孟族（မွန် mawn）、驃族（ပျူ）、緬族（ဗမာ Băma）及傣族（တႆး Tay，又稱撣族）。緬族自稱其祖先係來自北印度佛陀的部落，他們保留許多印度的文化習俗，大約在西元後從印度阿薩姆（Assam）進入緬甸境內。（司徒宇、顧長永，2015；陳鴻瑜，2016）

　　於 1948 年緬甸獨立後，隨著政治的穩定，在經濟發展與文化繁榮下，藝術的教育文化也隨之推展出來；如漆器、金線繡、提線木偶、木雕、繪畫、建築等各有特色與亮點；如提線木偶則興盛於十八世紀時，約有 500 年的歷史。當時政府為了提高音樂與舞蹈藝術的水準，能有更多元化的藝術發展面向，所以不斷的促進音樂提升與普及民族舞蹈傳授；首先政府在前首都仰光和古都曼德勒，開始開辦舞蹈學校與培養緬甸民族舞蹈接班人，從此緬甸的藝術文化也漸漸欣欣向榮（維基百科，緬族）。在二十一世紀時，各國旅遊業高度的發展，在各個名勝古蹟與不同景區文化藝術、音樂與舞蹈復古還原屢見不鮮，吸引上千萬名遊客造訪，成為一個新時代開始，致使緬甸蒲甘的古代音樂、舞蹈也從千年沉睡中甦醒重現。（李為佑，2009；呂心純，2018）

緬甸的舞蹈歷史悠久，在各少數民族中，舞蹈的服飾亮麗與舞姿優美及音樂豐富的內容都有自己的獨特，政府也會定期頒發舞蹈藝術成就獎給傑出的舞蹈家，因此成為緬甸璀璨文化的重要組成部分與永續傳承。另外，除了音樂與舞蹈之外，在很早期的年代裡，緬甸還有一項很特別的文化藝術，就是有自己的木偶劇藝術團體，而緬甸的木偶劇在表演上則分成為大木偶（搖的機）和小木偶（搖的勒）兩種，所表演的內容包括雙人舞、單人舞、集體舞與故事劇等應有盡有，相當受到廣大群眾喜愛。因緬甸古時唯木偶戲可搭高臺演出，故又名「高戲」，內容大多是注重動作和故事的古代神話傳說（百科知識—緬甸舞蹈）。木偶戲是按照真人比例去製作的，所以在舞動時可以全身動作，唯有在舞臺之上，木偶劇能夠打破規矩的限制，演繹出人們幻想中的場景。

緬甸的舞蹈風貌素有「戲劇源於木偶」之說；主要演出是透過民間的跳神及拜神活動的傳播，在不同的動態活動及現代的緬甸舞蹈之中發展成傀儡戲的角色。緬甸的舞蹈又直接脫胎於戲劇藝術，各種傀儡角色的不同的舞蹈動作被大量移植到現代緬甸舞中，如拜神舞、仙人舞、撥羅舞、男女傀儡舞等。其中拜神舞改稱為宮女舞，而宮女舞之後成為現代緬甸戲劇舞蹈演出時所沿用的開場節目，而在傀儡舞中「傀儡步」、「傀儡爬跳」等都成為現代緬甸舞蹈表演時的基本動作。（大場四千男，2011）

第二節　緬甸的音樂文化

緬甸位於東南亞，是中南半島上最大的國家。深受中國與印度的雙重影響，所以有著深厚的文化底蘊與悠久的歷史，但並非全面性的，有些方面他們還是具有獨一無二的各自特色。當然緬甸因為深受佛教的影響，所以如在廟會敬神的時候，都會進行要求唱神歌或拜佛調，亦使用多項樂器的表演在宗教活動中，故產生了獨具特色的一些樂器。因為早

在九世紀時緬甸的國王，曾派遣了三十多名藝術家去中國，帶了二十多種樂器及十幾種樂曲，在唐朝的首都長安成功的演出讓大家認識緬甸的音樂。緬甸最主要的民族樂器是彎琴，也就是所謂的弓型豎琴，中國唐朝時稱它為「鳳首箜篌」，不過緬甸音樂的最大特點還在於它的樂器和器樂（百科知識—緬甸音樂）。

緬甸的人喜愛的民族唱法是自然、純樸的，並不重視音量的大小或音域的寬度，而是去追求能表現內心深處的真摯情感，並常常採用輕聲吟唱的方式來演出。緬甸的音樂泛指以管作為共鳴體的樂器如打擊樂器和管樂器所組成的管弦樂隊，不過現代緬人的音樂也已經西化，尤其受到美國鄉村音樂的影響也有所改變。緬甸音樂文化包括了很多不同的調式變化及不同的使用功能，如皇帝出場時在宮廷音樂中的表演，就會採用尼因龍調式，另外用來表現哀怨、悲傷的情緒則是錫基調式及用於敬神迎賓的則是黑包歐扁調式等區分（百科知識—緬甸音樂）。

緬甸歌曲、器樂曲中的節拍重音常常是前弱後強的風格，且落在偶數節拍上，而掌握節拍的必備樂器是一對金屬小鈸和竹或木製的一副拍板。緬甸音樂文化發展到一定的水準，樂器工藝非常精湛，特別是彎琴、圍鼓和竹排琴三件樂器及其音樂，被稱為緬甸樂器的三寶，可說是緬甸音樂的珍貴寶物，更是緬甸對世界音樂的貢獻。（海外通，2019）

壹、彎琴

彎琴，又名鳳首箜篌（緬語稱為「桑柯」），意為彎曲的豎琴。是一種古代豎琴，被緬甸人民冠以「樂器之王」的美稱，在緬甸音樂藝術史上具有不可取代的藝術價值。彎琴的外形很美，高高聳起的彎曲琴頸，猶如一張多弦的獵弓，樂器頂端的金葉雕成菩提樹葉、象徵純潔的白玉蘭，它的共鳴體是用一塊木頭雕成的，形狀像一條船，用質地堅硬沉重的木料掏空所製成，琴箱長 60-80 釐米，以 68 釐米長的最為多見。

其實彎琴本來不是緬甸樂器，它最早起源於古埃及或美索不達米亞，經過阿拉伯、伊朗、印度（或印尼）傳入東南亞各國，之後很多地方都已失傳，只有在緬甸才得以保存，積累了大量的樂曲，在近千年的發展史中，可說是一個奇蹟，也是古代樂器的一件活化石（張凱，2018）。在緬甸，不僅是音樂家會演奏彎琴，廣大的知識分子也都會演奏，而懂得去欣賞彎琴音樂的生活，則成為自身必然的緬甸藝術文化修養課題。

最早的彎琴，樂器本身只有五至七條藤絲弦，當時主要流行於南部山區；西元八世紀前後，才慢慢增加成十三或十四弦，多是用於宮廷音樂時的表演樂器。現在彎琴的琴身在上面蒙上一塊紅色的鹿皮，四周有金色的波浪形花紋，再加上琴頸上的一端懸掛著紅穗子，拴弦的絲繩可以上下移動並可調節音高，使得這樂器顯得十分雍容華貴與典雅。彎琴的音樂特點、音色影響了緬甸整體器樂風格，它的音色古雅輕柔，具有細膩的表現力，是古典歌曲的主要伴奏樂器及適用於其他樂器合奏。最早的用途其實是為歌唱伴奏，它的琴弦一般是十三弦或十六弦，演奏時將琴放在腿上抱在胸前，按五聲音階去定音，音色清新雅致，娓娓動聽，演奏彎琴的大師過去曾被冠以「天上的音樂家」的稱號（緬甸—開放博物館）。今天彎琴這項樂器，在外來文化的衝擊下仍然十分活躍，有時也會與小提琴和圍鼓合奏表演，既保持自己的風格，也獲得了另一種新的生命力傳播。

貳、圍鼓

除了彎琴外，圍鼓是緬甸特色樂器中唯一打擊樂器，是緬甸人民的獨創樂器，也是一種演奏的形式，可以說是舉世無雙的特色樂器。圍鼓它除了獨奏外，還形成了以圍鼓為中心的圍鼓樂隊，緬語稱為「賽因瓦因」。關於圍鼓及圍鼓樂隊的起源並沒有明確的記載，它主要包括了圍鑼、芒鑼、鈸、木梆子、嗩吶、笛子等；較為特別的樂器如大鼓、嗩吶

等樂器。室外的各種佛教活動、喜慶節日或戲劇舞蹈的表演，都離不開圍鼓樂隊。在緬甸十八世紀到十九世紀時，每年到了插秧的季節，人們就會利用這些樂器進行演奏，而整個插秧的儀式表演時君王都會親自到農村參加，也會做一些象徵性的插秧動作，主要也是在慰勞及鼓舞插秧者的勞動熱情。（路猛，2017）

　　世界上鼓的種類可說不可勝數，但多為掌握節奏之用，而圍鼓本身卻是演奏旋律的，標準的圍鼓為 21 個，音域達 4 個八度（按五聲音階排列）。這種形體細長的鼓掛在一個圓形的木圍欄的內側，在整個圍欄上使用水晶玻璃鑲嵌，精雕細刻，呈現十分華麗外型，而鼓手坐在圍欄中用雙手擊鼓演奏，特別是每個圍鼓的鼓皮上還黏有巴沙（用糯米飯和樹木灰製成的混合物）。巴沙是用來調節鼓的音高和音響，因此圍鼓的音色才能變得十分動人，除了能發出淒婉含蓄的音響外，還能發出滴水似的滑音效果。（百科百度—緬甸音樂）

參、竹排琴

　　除圍鼓、彎琴兩大特色樂器外，竹排琴（緬語為「巴德拉」）也是一件緬甸傳統樂器中的珍寶。竹排琴在竹板的選材、製作是很嚴謹且細緻的，初次採用的竹板首先需要經過處理，然後至少要存放三年後才能拿來製作。竹排琴的共鳴體是用木製成的船形體，樂器的表面精雕細刻，並用水晶與寶石鑲嵌，十分華麗典雅。排琴是緬甸室內樂的主要樂器，排琴的音色柔和抒情，常和彎琴一起合奏。它採用 20 多塊長短不同的竹板，然後用線穿在一起掛在一個船形的共鳴體上，演奏者則使用兩根頭上包有毛氈的車輪形木錘來敲擊，它的音高穩定、音色柔美，不會有開裂問題。（寶島庫，2021）

第三節　緬甸的舞蹈文化與類別

　　緬甸文化與宗教有深遠的影響，全國 89% 的人信仰佛教，其佛教體系屬於南傳上座部佛教，也是雲南大多數地區傣族信仰的宗教，所以緬甸的文學、藝術、傳統習俗等，都受到佛教文化的深遠影響。緬甸舞蹈有著兩千多年的歷史，以柔美細膩和典雅的藝術風格聞名於世，被視為自己民族文化的精華，民族傳統舞蹈文化源於生活，與各民族的生存環境、生產勞動、生活習俗、宗教信仰等息息相關，更是各民族祖先們共同創造出來的精神財富，反映了一個國家或一個民族具有古老文化的傳統、獨特，是非物質的「活的文物」。

　　緬甸的古典舞，差不多已有一千兩百多年的歷史，緬甸古典劇與京劇的表演模式有些類似，包括了舞蹈、音樂、戲劇、歌唱的綜合藝術。緬甸舞蹈不管是在服飾、音樂、舞姿上都令人相當著迷，特別是整個舞蹈配合手、腳、腰（塌腰）、胸、頭（仰頭）等表現出千變萬化，形成獨具風采的人體藝術三道彎的造型動作，皆以半蹲、全蹲、跪等動作為基礎。舞者表演時將身體形成一個大「S」舞蹈非常辛苦，卻彰顯出一個民族的文化魅力，也是作為傳統文化藝術重要的表現形式之一。最早是從印度流傳過來，後來受泰國的影響，這樣婀娜多姿特別突顯曲線的舞蹈形態，已經成為緬甸歌舞藝術非常重要的部分。（陳鴻瑜，2016；微文庫，2018）

　　緬甸素以傳統、獨特的民族舞蹈而名揚海內外及受到緬甸各族人民的熱愛，舞蹈隨著宗教的普及而得到流傳並不斷的延續發展。傳統的緬族舞蹈與木偶戲都是一種受歡迎的娛樂形式，而緬族舞蹈則類似於泰國舞蹈的形式，兩者通常於慶典和節日中相繼演出。自十一世紀蒲甘王朝的阿奴律陀王，在緬甸推崇佛教，當每建一塔即舉行歌舞儀式慶祝，故蒲甘被稱為「萬塔之城」。隨著宗教的普及、佛教思想的影響，無論何

時都伴隨舞蹈表演或群眾性的歌舞活動，也多加入與民間傳統舉行的布施、皈依、廟會等佛教儀式活動。

　　1948 年緬甸獨立後，政府從 1952-1953 年開始先後在仰光、曼德勒成立了歌舞學校，專門在培養現代緬甸的專業舞蹈人才。於 1960 年代傳入仰光的革命歌舞，包括了西藏歌舞、新疆舞和傣族舞。傣族分布於中緬邊境地區幅員廣大的山區，在緬甸被稱作「撣族」（Shan），而撣族生活中最常見的三種舞碼分別是傘舞、孔雀舞與潑水舞。這三種舞碼在服飾、音樂所呈現的，與緬甸的印度穆斯林相似。新疆舞和傣族舞彼此之間的舞蹈，在緬甸的藝術文化表演中，亦開啟了舞臺上多樣貌的緬甸宮廷娛樂、民族文化、宗教信仰，及農耕勞動等多方面性的呈現。（李爲佑，2009；呂心純，2018）

　　自 1998 年起，緬甸開始舉辦年度大型傳統歌舞，包括了潑水節與點燈節的文化慶典，而緬甸的樂舞文化就成爲潑水節的展演主力。其中，緬甸古典舞蹈形式（如女子宮廷舞 minthamee aga）因其舞蹈動作相當獨特且高難度，並於演出中帶有異國風情及多彩絢麗的宮廷服飾，所以每年在慶典當中就成了全場的目光焦點。女子宮廷舞的舞步大多以屈膝蹲步爲主要基本，強調舞者在眼、手、腰、身、步的完美結合，表演當中整個舞蹈動作注重節奏和講究關節的對稱變化；另外，腰部的使力點盡可能讓上身及臀部呈 S 型（李俊琛、2008）。宮廷舞的美感與韻味，配合緬甸古典音樂的即興及節奏，形成了獨特的一種表演藝術。

　　緬甸的傳統舞蹈與傣族民間具有特色的舞蹈風格有些相似，皆以節奏舒緩、優美、舞姿輕盈見長，但卻又不盡相同；傣族文化的舞蹈特點較爲優美、含蓄，但舞姿上比較放得開，因本身曾受中國其他民族舞的影響較多；而緬甸舞蹈的文化豐富多彩，南傳上座部佛教的舞蹈風格中即可看出較爲柔婉秀美，緬甸舞的起伏較小比較典雅優美，特別是表演者都須具有扎實的基本功。

壹、傣族舞蹈

　　傣族是雲南省的少數民族之一，多居住在雲南省西南邊境一帶，社會環境皆對傣族舞蹈風格的形成產生極為重要的影響；特別是佛教文化，佛教傳入傣族地區至少有一千多年的歷史。據說「傣」的含意就是和平，傣族就是和平的民族，傣族人民能歌善舞，每當豐收或慶典節日時總是歌舞聲徹夜不停，所以有「穀子黃傣家狂」之說（梁素嬌、許淑婷、林幼萍，2007）。來自中國的傣族舞蹈，風格濃鬱，有多種步法外，上身舞姿在手臂動作與手的位置，有較豐富的表現力和較高的審美價值，是傣族人民表達感情的一種特色舞蹈。

　　傣族舞蹈下體多半保持半蹲之狀態，身體和手臂每個關節都彎曲呈現多樣多變、舞蹈豐富多彩，以及剛柔相濟、動靜配合等特有的表演風格，深為廣大民眾所喜愛；形成特有的「三道彎」舞蹈。它的肢體動作主要是以手、腳、身體所形成的，重拍向下以均勻顫動為其韻律特徵和節奏特徵，故形成了特有的舞姿造型。整個緬甸的傳統文化中，在緬甸和雲南傣族地區，佛教與舞蹈之間的關係，傣族舞蹈，基本上追求全身韻律柔韌、婀娜多姿，而在舞姿中有一種內在的剛勁力量，起伏性比較大，尤其以傣族的孔雀舞為最典型之作，而孔雀是傣族的崇拜物，視其為吉祥幸福的象徵（華人百科：緬甸舞蹈）。

貳、孔雀舞

　　孔雀舞是傣民族最悠久，及最具有代表性廣為流行的民間舞蹈，從內涵到外在表現，都反映了傣族的民族精神、民族性格、文化心理和審美特徵。優美的傣族孔雀舞蹈，是按佛經中孔雀明王的故事所改編的，由於代代相傳及民間藝術人精心的創造，故形成了各具特色與不同流派的孔雀舞。各地孔雀舞的舞蹈派別的跳法都不一樣，主要表演可分為獨舞、雙人舞、三人舞及歌舞劇的表演（梁素嬌、許淑婷、林幼萍，

2007）。傣族的許多村寨，都有很多擅長跳孔雀舞的人，如今孔雀舞變成傣族傳承舞蹈文化中，最具代表性的舞蹈及占有最重要的地位。

孔雀舞最早時期均由男性表演，表演時腳下的舞蹈步伐在移動變化上，乾淨俐落、穩健屈伸。傣族孔雀舞在服裝特色上來說，是舞者頭戴寶塔形金冠及面具，身上背著孔雀架子的道具，在舞動時會頻頻顫動，以象腳鼓、鑔等樂器來伴奏演出孔雀舞的舞蹈形式，特別在手腕的肢體基本動作，就有區分幾個姿勢，如屈掌式、立掌式、爪式、嘴式、冠形手勢等；另外基本手位與舞姿，則可分為三道彎體態、低展翅、平展翅（單、雙手）、高展翅、亮翅、托掌式、雙抱翅及飛翔舞姿等（華人百科：緬甸舞蹈）。

緬甸舞蹈與其他的東南亞舞蹈一樣，大致上都是受到印度古典舞蹈的影響，主要是以語言來傳情達意的演出，在表演大型古典舞劇時，演出者會大量使用手語的對話方式來表達劇情，但這樣的演出方式，彼此之間的手語、舞姿、步伐和表情，還是會有些各不相同。舞蹈表演者在情感的表現除了臉部動作之外，最重要的肢體動作會是藉由手部肢體的舞蹈語言，來加強肢體的情感及表達的意思。如此的表演方式就如同西洋芭蕾舞劇的表演，因芭蕾舞者本身訓練的基本舞蹈術語，就是藉由手部不同的動作，來讓觀眾能明白他們所要傳達動作的含意與劇情的連接性。基本上緬甸舞蹈主要分為古代戲劇舞蹈和傳統民俗舞蹈兩大類。

參、古代戲劇舞蹈

古代戲劇舞蹈主要是由詩歌、音樂、舞蹈三位一體的一種表演形式，於十八世紀從暹羅（今泰國）傳入緬甸的宮廷劇再經創作改編而形成的；其次則是流行於民間的佛本生故事劇發展而來的，大多以550個佛的本生故事為表演的題材，在古代多出現於廟宇、殿堂、祭祀祖先跟祭拜神靈時的一種表演舞蹈，所以內容和形式都具有濃鬱的宗教色彩。

另一個稱為「戲劇─宮廷舞蹈」，特點是屬於王公貴族用於宴享娛樂時的舞蹈，有如歐洲十五世紀和十七世紀開始，在義大利的貴族宮廷出現的宮廷芭蕾舞，都是屬於貴族有錢人的一種娛樂方式，這種宮廷舞蹈的藝術形式更為完整華麗，但本身最早時還是以民俗舞蹈基礎之精華，再由宮廷專業的藝人加工改編創作而成。

一、傀儡戲

傀儡戲起源於喪事的表演，在春秋時代，即已出現木偶戲的表演，到唐、宋各式傀儡皆有重要發展，之後傳到印度的梵名曰「車耶那迦」（影子戲）。傀儡戲有驅除邪煞的社會功能，並具有神祕的宗教色彩，是中國歷史上最早出現，具有表演功能的劇種，在緬甸時則稱為提線木偶，已有五百年的歷史。十八世紀的貢榜王朝，在表演時皆為每尊神編製不同的舞蹈，故形成一整套有系統的神舞，再通過民間的跳神與拜神一系列活動的傳播，便發展成統治者的最高貴娛樂──宮廷傀儡戲。當演員表演傀儡戲時則穿著華麗的服裝，用鼓樂伴奏讓舞蹈的節拍分明，動作主要大多在於旋轉、飛臂、上踢裙邊等技巧性的表演。（華人百科：緬甸舞蹈）

二、暹羅舞

暹羅舞本身是十八世紀時從暹羅傳入緬甸的宮廷劇，之後透過了詩歌、音樂、舞蹈三位一體後再創作而形成的一種表演形式。這種宮廷劇中的舞蹈後來被稱為「暹羅舞」，此舞碼吸收了泰國古典舞的動作，又融入緬甸傳統舞蹈的一些特點，舞姿動作優雅柔軟、表情與節奏和諧、關節彎曲與手腳造型對稱。動作之間無驟然停頓，整個舞蹈連綿不斷，為現代緬甸古典舞的重要組成部分，舞者身著絢麗舞衣、頭戴彩繪面具，隨著音樂跳出曼妙舞姿演繹出印度教的神話故事。（華人百科：緬甸舞蹈）

三、阿迎舞

　　阿迎舞是來自宮廷的一種舞蹈，無固定的劇情，主要是以柔和優美的舞姿著稱。阿迎舞詼諧幽默，內容靈活自由，更是以唱、奏、舞三者結合在一起的表演藝術形式。早期阿迎舞是因緬王為了娛樂消遣，常把民間優秀的歌手及舞女全傳進宮中來表演，而表演者多呈現半抱琴於懷的體態，坐在國王面前演唱，故也稱為「坐唱阿迎」。但到了貢榜王朝後期，在音樂、戲劇上有了較大發展，音樂性質樸輕快，且在極短的時間內能把歡愉帶入人心，所以宮廷中的「坐唱阿迎」也漸漸發展成以女子獨舞為主，配有男丑角的說唱舞蹈。而這種舞蹈表演形式在日後即成為各種喜慶活動中最常見的藝術表演，頗受群眾歡迎，也是緬甸傳統舞蹈藝術的代表之一。（華人百科：緬甸舞蹈）

肆、傳統民俗舞蹈

　　緬甸民族舞蹈都各具有特色，在民間也出現過流行各種神獸偶像的舞蹈，緬曆一年十二個月中，每個月都有傳統節日，所以城鄉普遍舉行這種歌舞比賽或日常慶祝活動。因人們的日常生活、風俗禮儀、宗教信仰都與生活有著密切相關，所以每逢喜慶節日，人們都喜愛載歌載舞；如潑水節專業的演出，過新年時通宵達旦地唱歌跳舞或慶祝活動。另外還有族人會在田地間進行歌舞的表演，祈求天神保佑、風調雨順、五穀豐收，主要是為了鼓舞勞動者們的熱情，皆有民間舞蹈廣泛的民眾基礎。（萬方資料民族藝術研究）

　　民間舞蹈它的特點與戲劇古典舞蹈相反，戲劇舞蹈具有娛樂色彩且表演性較強，主要是從緬甸傀儡戲、古典戲劇及阿迎舞等古典藝術中所產生的。民俗舞蹈源於緬甸各民族的民間舞蹈，是屬於舞蹈自娛性的，具有鮮明的民族風格和地方特色且流傳於緬甸民間。而民間舞蹈以各種鼓舞為主，包括了長鼓、短鼓、背鼓、象腳鼓、瑞波大鼓、兄弟鼓（雙

鼓）等鼓舞，大多產生於農事活動和宗教活動之中，所以都各具特色。
（緬華網，2020）

一、瑞波大鼓舞

緬甸有一種著名的民間舞蹈是由說唱發展而來的，稱為瑞波大鼓舞，此舞產生於古代農業發達的瑞波地區，一般在演出前都要先祭拜城神和村神，主要的參加演出者包括了：女舞蹈演員、舞鈸者、丑角和兩位擊鼓者。舞蹈動作中，擔任擊大鼓者需要一邊擊鼓跟一邊跳舞，舞鈸者則為領唱和節奏的決定者；其次是女舞蹈演員在場中表演時，須跟著舞銅鈸者所定的節奏而翩翩起舞。每當女舞蹈演員在表演當中變動舞姿時，丑角就會利用短暫的間隙出場，且用各種滑稽的動作引人發笑。另外一種表演是舞者，需在三尺多長的瑞波大鼓的鼓聲中邊說、邊唱、邊舞，然而最特別的是整個演出表演者不在舞臺上表演，而是在平地上圍成圈進行表演；此外，也用於宮廷中皇族的盛會、各種祭神儀式及插秧儀式中，氣氛相當熱烈，亦深受緬甸人民的喜愛。

二、仙人舞

仙人舞產生於緬甸貢榜王朝帕基道時代，該舞的舞姿相當優美，特別是技巧性注重在飛翔與跳躍的動作。演出者在表演時，須先在舞臺上安排高山、密林和流水的場景，呈現演員扛著藥杵上場，邊唱歌邊做眺望的動作，然後再做搗藥的動作，一直不斷變換各種舞姿，接著翻轉騰躍，表現飛越山林與仙女們嬉戲等場景。（華人百科：緬甸舞蹈）

三、油燈舞

油燈舞是緬甸一種傳統的集體舞蹈，是一種光的舞蹈演出，舞蹈的特色在手和腳的彎曲、身體的柔韌性和持油燈的技巧著稱。表演者在表演時雙手會各托起一盞小油燈，在做動作時會忽而前傾、忽而後仰、時而跪坐、時而站立；不管舞姿如何變化，舞者手中的油都不能滴出、燈不能熄滅，腳步須輕移、身姿百態，可見這樣的訓練不容易，要相當專注。當然手持真的油燈在舞蹈動作中，多少也阻礙舞者較多的創造性及增添了危險性，所以現今緬甸的油燈舞表演已不拿真的油燈，而是改用小電池燈替代，舞者的動作空間及身段也能較擴展開來，但舞者的持燈技巧、舞蹈的表演依然保留著。（楊棋婷、王豔容，2016）

參考文獻

1. 司徒宇、顧長永，2015，《緬甸政府與少數民族之互動探析——以克欽族、撣族、克倫族、羅興亞族為例》，國會月刊（臺灣），43(9)，24-40。

2. 民俗文化，2019，〈緬甸的瑞波大鼓舞〉，可可詩詞，取用自：https://www.kekeshici.com/wenhua/minsu/190676.html。

3. 百科百度－緬甸音樂，取用自：https://baike.baidu.hk/item/%E7%B7%AC%E7%94%B8%E9%9F%B3%E6%A8%82/2646029。

4. 何則文，2017，〈羅興亞衝突並非單純宗教紛爭，痛罵翁山蘇姬也沒有幫助：從歷史脈絡看羅興亞問題〉，2020年8月6日取用自：https://www.thenewslens.com/feature/rohingya/78236。

5. 呂心純，2018，〈時空流轉下的緬華革命樂舞〉，《考古人類學刊》，88，35-82。

6. 呂嘉穎，2019，〈翁山蘇姬解決羅興亞問題之可行性：緬甸憲政體制變革之探討〉，《樹德科技大學學報》。

7. 李俊琛，2008，〈《洗衣歌》的成功凝聚著眾人的心血〉，《西藏藝術研究》，1：34-37。

8. 李為佑，2009，〈第二屆世界緬華同僑聯誼大會籌備工作情況的報告〉，《世界緬華同僑聯誼大會資料彙編》。

9. 每日頭條，2017，〈緬甸這種樂器，造型考究，音色太柔美了！〉，https://kknews.cc/culture/yn6rkzg.html。

10. 汪佳燕，2017，〈血洗若開邦：在「武裝自衛」與「恐怖攻擊」間掙扎的羅興亞悲歌〉，2020年8月8日取用自：https://global.udn.com/global_vision/story/8663/2674802。

11. 海外通，2019，〈你應該知道的緬甸樂器：緬甸樂器彎琴、圍鼓和竹排琴，被稱為緬甸樂器三寶〉。取自：haiwai520.com/t/670.html。

12. 張凱，2018，〈緬甸彎琴的發展與音樂特性〉，《藝術評鑑》，7，65-66。

13. 梁素嬌、許淑婷、林幼萍，2007，《舞蹈與生活》，華麗圖書股份有限公司。

14. 陳鴻瑜主編，2016，《緬甸史》，新北市：322-323，ISBN 978-957-05-3048-3。

15. 華人百科，2011，〈緬甸舞蹈〉，取用自：https://www.itsfun.com.tw/%E7%B7%AC%E7%94%B8%E8%88%9E%E8%B9%88/wiki-2533236-0220116。

16. 微文庫，2018，〈登上世界各大舞臺的緬甸舞，這一跳就是上千年！〉，取用自：gushicikv.cn/dc_hk/109010805。

17. 楊棋婷、王豔容，2016，〈Hot News緬甸傳統舞蹈—油燈舞〉，取用自：myphoenixtour.com/News/Show.asPid=136。

18. 路猛，2017，〈中緬跨境民族的音樂文化探析〉，《研究評論》。

19. 緬甸－開放博物館，取用自：https://openmuseum.tw/muse/exhibition/7b a96ffdc9fca3b386a637e9d2dee30b#basic-2mj8gasc4s。

20. 緬華網，2020，〈回顧緬甸獨立後的民族舞蹈〉，取用自：https://mh-wmm.com/mianhuawenyuan/45957.html。

21. 蔡娪嫣，2018，〈緬甸種族迫害、種族清洗一周年 百萬羅興亞人棲身難民營，想要返回故鄉嗎？「我們永遠都會感到害怕」〉，2020年9月7日取用自：https://www.storm.mg/article/481943?page=1。

22. 邊地情緣，2018，〈這緬甸舞蹈太魔性到你招架不住！〉，每日頭條，取用自：https://kknews.cc/culture/zkmx3yp.html。

23. 寶島庫，2021，〈緬甸有哪些傳統樂器？〉，取用自：baodao.cool/infos/591154.html。

24. 大場四千男主編，2011，《東南アジアの人間像と日本経営史の原像(2)》，日本：68頁。

第二篇

經濟與貿易

Chapter 4

翁山蘇姬政權下緬甸的經濟發展
（2016.03-2021.01）

許文志[*]

[*] 日本明治大學經濟學博士，環球科技大學創辦人，現任環球科技大學中小企業經營策略管理研究所講座教授、中華民國全國商業總會首席經濟顧問、中華民國私立學校文教協會最高顧問。

第一節 經濟政策與投資策略

　　翁山蘇姬領導的全國民主聯盟（National League for Democracy, NLD）新政權於 2016 年 3 月 30 日誕生，開始執政。

　　緬甸在第二次世界大戰結束後，是東南亞國家中少數的富庶國家。但因受到歐美長期經濟制裁，淪落 ASEAN 最貧窮國家。2016 年起因翁山蘇姬文人政府實施民主法治，自由經濟，因此美國全面解除經濟制裁，美國總統歐巴馬於 2016 年 10 月 7 日正式簽署行政命令，撤銷美國對緬甸實施的《國家緊急狀態法》，解除對緬甸進行 20 年的經濟制裁，恢復給予緬甸貿易普遍優惠關稅制（GSP）待遇，約 5,000 項出口美國的產品享受免稅待遇，同時使已在緬甸投資的外國企業受惠。

　　2017 年 7 月翁山蘇姬領導 NLD 新政權，以國家最高顧問發表 12 項經濟政策（Economic Policy）：

　　1. 運用公眾政策管理厚實財政政策。

　　2. 改革國營企業民營化，創造就業育成中小企業為經濟成長原動力。

　　3. 推動學術和職業教育的改善，培育經濟現代化的人才。

　　4. 全面迅速整合電力、鐵路、道路、港口建設，促進網路政府的現代化。

　　5. 創造就業機會，優質企業高附加價值的就業機會。

　　6. 採取農業、畜產、工業均衡發展的工業政策，制定農業發展的模式。

　　7. 推動民間主導的市場主義，自由的經濟商機，引入外國投資，依法保護智慧財產權。

　　8. 建構民間企業持續性的金融制度，確保金融貨幣的安定化。

　　9. 推動環保優質型的都市開發，提升公共服務的效能，活化公共用地，保存文化遺產。

10.建立公平、效率徵稅制度，增加國家歲入，保護國民的權利和所有權。

11.開發改革創新高端技術，制定必要智慧財產權保護規則和程式手續。

12.強化 ASEAN 內外經濟圈的基礎建設。

以上 12 項翁山蘇姬文人政府提出的新經濟政策，因欠缺具體落實的細部計畫和有效執行步驟，一般評價不高。

其次，2016 年 11 月翁山蘇姬新政府提出新經濟政策配套的投資政策（Investment Policy），引進外資一條鞭新辦法，整合投資環境，優惠獎勵事業辦法，實施外資投資細則：

1. 歡迎具有創造雙贏責任互利互動的外國投資。

2. 設立投資委員會（MIC）與政府相關部門連結，以透明、明確、迅速的手續促進外來的投資。

3. 安定總體經濟，以法律規範解決紛爭為手段，整合銀行等良好的投資環境。

4. 肯定外資是國家極為重要的利益，因此，緬甸政府持續採取下列 8 項措施：

(1)確定國內外無差別可預見的制度規範。

(2)長期確保無差別事業保護。

(3)稅後利益現金回饋的保護。

(4)提供土地長期租用。

(5)創造就業機會，開發人力資源，提供投資支援職業教育。

(6)投資經濟開發落後地域。

(7)投資產業都市或特別經濟產業郡聚（Cluster）地域的開發。

(8)投資觀光相關地域。

2018 年 8 月發布「緬甸持續可能性開發計畫」（MSOPIZ），自 2018-2030 年為緬甸的民主、和平、繁榮努力目標。三大支柱；和平、

安定、繁榮的夥伴聯盟精神，人人和地球的密切關係；

1. 和平、和解、安全保障，良好統治。

2. 安定經濟，強化總體經濟。

3. 創造就業和民間經營主導型的經濟成長。

4. 邁向二十一世紀人才和社會的開發。

5. 為下一代子孫保護天然資源和環境，共 28 項戰略。

由 251 項的行動計畫而成立的計畫 MSDP 是沿著 2016 年的 12 項經濟政策而制定，28 項經濟戰略涵蓋投資環境整合，2019 年 1 月 28-29 日，緬甸政府在奈比都舉行最大促進投資的重要議題，該研討會議發表的新策略將投資戰略詳細劃定為下：

1. 投資輸出導向型的產業（勞動密集型產業，活用天然資源，計算成本競爭力）。

2. 投資國內市場導向型的產業（未開發國內市場，地域產業，投資環境）。

3. 投資資源連結產業（農林水產、礦產資源等加工產業）。

4. 投資知識密集型產業（ICT 等新服務產業）。

執行上述行動計畫，分五大重點：

1. 制定投資相關政策（總體經濟政策、投資法規、投資環境、產業政策等）。

2. 為促進投資制定的開發制度（投資規則應用、投資手續透明化、彈性化、支援投資家、設立獨立投資促進機關）。

3. 開發工業區等計畫。

4. 企業相關制度等（智慧財產權、產品標準、強化金融資源）。

5. 地域產業，人才育成，強化地域產能，支援創業家，支援人才育成。

緬甸政府就上列各項自 2014-2030 年預定投資 1,400 億美元。但，就實際觀察，至今經濟政策和投資計畫並未完全落實，有些流於紙上

談兵，流於口號和標語的空頭政策。如果與前朝的登盛總統政權（2011年 3 月）比較，其經濟成長率（GDP）高成長，被視為灌水的經濟成長。2014 年 8.2%，2015 年 7.5%。翁山蘇姬政權 2016 年 5.2%，2017年 6.3%，2018 年 6.8%，2019 年 6.6%，2020 年因受 COVID-19 疫情的影響急降為 2.6%。與前朝比較並不突出，與 ASEAN 各國比較仍然落後。國民所得（GNP）2020 年平均一人 1,220 美元，淪落為 ASEAN 最後一名的貧窮國家。翁山蘇姬執政的 2016 年的人平均 GDP 1196 美元。

第二節　經濟成長失速與產業構造改變

2011 年 3 月緬甸終結了長達 23 年的軍事政權（1988 年 9 月 - 2011年 3 月）。登盛軍人總統脫下軍服，統領文人政權成立，一直到五年後的 2016 年 3 月，才交由翁山蘇姬的全國民主聯盟（NLD）文人政府的新政府執政。歐美各國開始解除經濟制裁，在登盛總統 2011 年起，已解除部分，至翁山蘇姬執政始全面解除。

但，依《憲法》規定，軍人議員占國會總數四分之一議席。國家內閣大臣的國防、內政、國境三位大臣，都由國軍最高司令官指派。國軍在國家政治體制中擁有強大影響力。如此，政權乃被國際社會認定為緬甸式的民主化政府。

因此，歐美各國解除經濟制裁後，成為 ASEAN 新興國家之一，吸引外資快速投入，對緬甸經濟產業產生巨大的變化。就緬甸的貿易、投資連結人才開發等，不論變化與否，深入檢討，經過三年餘的考驗，為何翁山蘇姬執政下的緬甸的經濟成長失速的基本原因於下：

壹、緬甸經濟成長失速與產業構造改變的因素

回顧緬甸經濟成長的長期歷史，從下列表 1 自 1960 年代以後看出

緬甸人民 GDP 年平均率的成長。1962-1988 年是緬甸式社會主義的時代，是計畫經濟和鎖國主義時代，經濟成長低迷的時代，經濟長期陷入停滯；1988 年 9 月 - 2011 年 3 月是軍事政權統治經濟的時代，軍事政權掌握權力後迅速放棄社會主義經濟體制，對外開放並走向市場經濟化。雖然在此其間仍然在歐美經濟制裁下，由於有部分外國資金流入，以及經濟自由化國內企業振興，促進經濟成長率升高。但，被國際經濟專家認為軍事政權將經濟成長數值灌水的可能性很高。2011 年登盛總統對內政改革和國際經濟環境的改善，是緬甸過去從未經驗過的經濟成長時代。

表 1　緬甸經濟成長回顧表

（單位：%）

年代	1961-1970	1971-1980	1981-1988	1989-1999	2000-2010	2011-2015
1 人所得實際 GDP 的平均成長率	1.7	2.2	-1.3	4.5	11.2	6.7

資料來源：World Development Indicators, accessed on 14 June 2018。

就緬甸產業構造變化來看，表 2 可見 2005-2017 年 GDP 的產業別構成比：

表 2　緬甸 2005-2017 年 GDP 的產業別構成比

（單位：%）

年代	2005	2010	2017	2005-2010	2010-2017
第一次產業	46.7	36.9	23.3	-9.8	-13.5
第二次產業	17.5	26.5	36.3	9.0	9.8
第三次產業	35.8	36.7	40.4	0.9	3.7

資料來源：Statistical Yearbook, 2018。

在 2005 年時期農村水產業是第一產業的核心，幾乎占產業比的二分之一。製造業和建築業是第二產業核心，占比不到兩成。但，2005-2010 年的五年間，第一次產業比大幅下降，第二次產業「工業化」進展大幅延伸，可能為實現 2000 年經濟成長二位數以上 GDP 目標，軍政府操作數值灌水製造業生產高成長。因此，必要注意在此期間產業構造變化數值的正確性。這樣的產業構造轉型在 2000-2017 年繼續發展，此時登盛總統並未特別扮演「工業化」的角色。實際上從政權文人化後，緬甸經濟許多產業構造都經過轉型的經驗，所以 2017 年產生最大的變化，製造業躍升為 23.9%，商業 20.8%，農業 15.4%，畜、水產業 7.8%，建築業 6.3%，在此期間，緬甸產業構造最大變化的並非農業而是製造業。

貳、緬甸對外的經濟發展

在緬甸式社會主義的 1977-2015 年代，對外輸出入原則都由國家統制，至 1988 年 9 月登盛軍事政權始放棄緬甸式社會主義，貿易自由化才有所進展。1990 年代開始對外貿易大幅成長，輸出平均占 21.1%，輸入占 16.2%，最大理由是完成緬甸輸送天然氣管接到泰國的貢獻。但，到 2000 年代輸出入成長率降低，因外匯不是直接限制，軍事政權採取強力統制經貿政策，所以在此時期軍政府操作 GDP 二位數成長灌水可能性高的旁證顯露出來。2000 年代通過嚴格輸入的限制，造成國民生活窮困，比不上鄰國的泰國、馬來西亞、新加坡。例如，緬甸大量需求日本中古車，日本豐田汽車每台 1,000 萬円，中古車價只要四分之一，因緬甸軍政權嚴格統制，每年輸入不到 10 萬台。原本輸出美國的紡織衣服類因受經濟制裁同樣受衝擊，帶來緬甸對外貿易的赤字。現在自登盛軍事政權至翁山蘇姬文人政權，緩和貿易赤字是由於外國直接投資（FDI）、政府開發援助（ODA）及海外勞動者賺錢匯回緬甸的外匯（Rremittance）的 ODA 金額：1990 年代年平均 1 億 560 萬美元，2000

年代 2 億 2,150 萬美元，2011 年增加到 15 億美元。因金融自由化，由海外的緬甸勞動者匯回的外匯急速增加，不受地方銀行操控，直接由銀行利用網路系統匯入緬甸。

以上，是緬甸對外貿易經濟的改善，自登盛總統到翁山蘇姬政權支持經濟自由化政策的基本要因。

參、翁山蘇姬執政下的緬甸經濟發展減速要因

2016 年 3 月登場的翁山蘇姬政權，經濟成長鈍化，正如國際貨幣基金（IMF）推測的 GDP 統計，緬甸經濟成長傾向減速。登盛政權開始走高，2013 年 8.4%，這是 2000 年代唯一「高成長」標竿，是緬甸自 1948 年獨立後最高水準的成長率，此後 2016 年減速至 5.9%，2017 年恢復 6.8%，2018 年維持 6%。至 2020 年新冠肺炎，衝擊經濟成長降至 2.6%，2021 年可能達 -6.5% 左右。而 GDP 統計正確性無法保證，成長率減速影響緬甸經濟發展，是否如此亦未必全然。無法完全說明緬甸經濟發展的困難。近年學術界對實業界進行的經濟景氣調查，表 3 是 2017 年 6-8 月針對 500 位企業經營者實施的調查：「今後 12 個月緬甸經濟，商業狀況展望」。回答分為「急速惡化、逐漸惡化、沒有變化、得到改善、急速改善」5 項目。

表 3　今後 12 個月緬甸經濟，商業狀況的展望

（單位：%）

年代	上次 2016	本次 2017	差
急速惡化	0	1	1
逐漸惡化	5	15	10
沒有改變	22	35	13
得到改善	66	46	-19
急速改善	8	3	-5

依上表 2016 年調查「得到改善」、「急速改善」回答的經營者和幹部占 74%。2017 年調查減少 25%。相反地「急速惡化」和「逐漸惡化」自 5% 急升至 16%。此調查後 2017 年 8 月發生羅興亞族多數難民（約 150 萬人）逃難到孟加拉，翁山蘇姬深受國際社會強烈指責。因此，帶來外資企業評價的惡化，外資和本國企業之間重大分裂，修正了企業轉型的經營方式，對翁山蘇姬執政下經濟和商業未來發展改革轉型的期待失去信心。

肆、工藤年博教授的觀察

構成緬甸經濟成長減速的原因，依據日本研究緬甸經濟專家工藤年博教授實地考察發表的論述如下：

一、經濟構造的基本原因

緬甸經濟停滯，從登盛總統軍政時代疲滯的經濟產業的「復興期」至 2016 年結束。登盛軍政時代經濟高度成長，是因歐美經濟制裁解除，帶來的經濟自由化及國際經濟環境的改善。例如，從日本輸入的中古車價格大幅下降，仰光街上到處都有日本中古車販賣場。

其次，通訊手機在登盛軍政時代，國民一機難求，全部由國營的郵政、電器通訊事業獨占，價格極高。尤其軍政府統制限定通訊時間，只有政府官員和軍人享有特權，外人到仰光以租一個月 200 美元代價持有行動電話。以公務員一個月薪水只有 100 美元來說，持有行動電話是不可能的事。2003 年登盛軍政權開放外國手機進口，至 2016 年翁山蘇姬執政始全面開放，以後逐漸鈍化。今後以行動電話支付項目還有很大的發展空間。登盛軍政時代在二次戰後「復興期」過後，翁山蘇姬獲得歐美全面解除經濟制裁，經濟自由化及國際經濟環境改善，一時的經濟成長如中古車及手機的輸入都有很大貢獻。這是經濟構造一時的改變，以

後就走入經濟成長減速困境。登盛軍政府展現給國民看到的政績，交給文人政權的翁山蘇姬成為包袱。例如中古車全面開放，但交通系統並未改善，仰光街頭中古車爆滿，交通日日時時壅塞，因此，翁山蘇姬的文人政府又恢復禁止輸入中古車，2017年輸入中古車數不到2014年一半。

翁山蘇姬的文人政權一上臺，馬上凍結仰光高樓大廈的建設，此一措施不但是對景氣興盛扯後腿，而且受到實業界強烈的反彈。對於違章建築的取締、防止違法建築許可證的正規化、土地價格升騰非正常化、環境汙染的對策、消除貪汙、徵收房屋稅等，翁山蘇姬文人政府應該採取措施解決的問題，卻一籌莫展，緬甸經濟又回到軍政府時代原地踏步的經濟舞臺，事實上文人政府拿不出任何解決的對策，反而面對既得利益的實業界（軍政府時代）強烈抗爭，埋下文人政府的不定時炸彈。

二、來自 NLD 固有的要因

首先，應從翁山蘇姬的政策優先順序加以檢討。在 2015 年 11 月大選的競爭中，NLD 發表的政見「最高策略」是實現對少數民族的和平。實際上翁山蘇姬採取對少數民族武裝勢力和停戰協議及政治解決都由談判解決的立場。而登盛總統曾經召開聯邦會議，改名為「二十一世紀彬龍會議」（Union Peace Conference – 21st Century Panglong）為實現全國停戰目標。緬甸脫離英國獨立前的 1947 年 2 月，翁山將軍曾在仙州的彬龍與少數民族代表會談上，承認少數民族的自治權，同意和緬甸族共同成立獨立聯邦國家，但獨立後馬上引起少數民族紛爭。翁山將軍是緬甸獨立的國父，也是翁山蘇姬的父親，後來在主持國政會議中被突擊者槍殺也許與此有關。翁山蘇姬的政策口號「沒有和平就沒有經濟」，表示將採取與少數民族和平相處為最優先的政策。翁山蘇姬長期關注彬龍會議內容，也聽取國內外的建議，作為新政權經濟成長戰略的決策，依法調整經濟成長政策為前提，首先確立依法經濟重要政策。建立和平和民主主義，經濟成長自然而然跟著發展。但，這些超越的政策優勢，

NLD 政權遲延提不出正式具體的經濟政策和計畫。更加使經濟惡化，同時由於首任經濟部長行政經驗不足，欠缺專業知識。翁山蘇姬任命的其他部長非全部為 NLD 黨員，NLD 的人才僅限從網路中選拔。NLD 是在軍政時代，曾幾次面臨被解散的政黨。自民主運動戰鬥中發展的政黨，其黨員及其相關人員多數都只有坐牢或在宅被軟禁的經驗，不但沒有累積行政經驗，在學中的人多數未能持續就讀完成學業。當然 NLD 政權的部長多數取得碩士或博士的高學歷。但，國內劣質化的教育機關有多少從事人員具有專業知識的行政經驗，令人懷疑。特別在 NLD 政權誕生時進行的省廳重編，計畫財務省（原國家計畫經濟發展省與財政歲入省合併的巨大省廳），期待成為經濟政策的司令部，可惜任命首任大臣周溫因假博士學歷備受社會質疑。又因大臣（部長）經驗、專業知識不足，無法領導最大省廳營運效果。他曾是社會主義時代的計畫財務部的官員，1990 年代在軍政時代任職退休官員，他在官僚時代未能有高瞻遠矚累積豐富行政經驗和決策能力的機會。結局是 2018 年又發生瀆職疑雲而下臺，對翁山蘇姬政權傷害很大。

　　NLD 相關人員被任命為部長，受到國軍出身的高級官僚及行政官沉默抵抗。因緬甸的官僚制度非政治法制任命制，在政權更替時，各部會只任命部長一人，其下的政務、事務次長、局長、課長，包括幹部職員都不受政權更替而更換，恐怕連不具專業知識的部長這樣的外行人都感到恐慌，雖然 NLD 新政權的部長想就政府單位的既得利益掃除進行改革，但，原來軍人的高級官僚面對新任部長只有陽奉陰違，他們比新任部長更具精通實務的現場實際經驗。相對的軍事政權登盛政府時代的部長，高級官僚都是軍人，轉變成為新政權的部長，同吃一鍋米飯的同事，全然鞏固了彼此人際關係。在此環境下，好也罷壞也罷，新任部長對軍人出身的同事無可奈何。緬甸的官僚雖然頭腦改變了，但是領導者不變，施政方向一樣不變，任何國家都一樣，政治主導權很困難，在此狀況下計畫財務部長對重要決策都沒有自信，結果所有案件都要呈報給

翁山蘇姬做決定。因羅興亞少數民族問題發生後翁山蘇姬深受打擊更加忙於外交事務，許多經濟重大案件都產生延遲的惡循環。2020 年靠近大選時，翁山蘇姬必須在國民眼前展現政績，而 NLD 的部長也經過四年的學習期，精通掌握政策，官僚的人際關係也已建立，未來還有許多課題，翁山蘇姬的政權必須加速推動經濟成長，確實掌握政策之舵始能持續執政。

第三節　經濟發展未來的展望

登盛總統開始推動經濟自由化及國際經濟環境改善，在歷史上經濟成長速度最快的機會展現在國民眼前。登盛政權時代的急速成長接續長期軍事政權的壓制到解放及對外開放，某種程度展現在整套的復興計畫。

而，翁山蘇姬執政下，緬甸經濟成長減速要因：

1. 翁山蘇姬執政下，經濟減速是復興過程的終結，經濟構造改變的主因。

2. 翁山蘇姬政府執政下，首任計畫財政部長的經濟營運失敗是經濟減速主要原因。

歷經四年，翁山蘇姬重視經濟已能掌握運營之舵，各部首長也精通政策，期待緬甸經濟再度復活。

回顧緬甸軍人政權更替文人政權前後八年經濟成長的實態。展望未來緬甸經濟政策在翁山蘇姬執政下經濟成長減速，回到軍政時期原地踏步。將來要擺脫困境，必須以階段式推進，要有新經濟政策。登盛政權期間經濟自由化，鬆綁統制，對外開放、解除經濟活動管制，實現了經濟急速成長。今後，翁山蘇姬政權必須進一步同時推進經濟自由化，鬆綁法令，改善經濟環境，進行都市基本建設、整合運輸、通信網路等經濟活動及社會資源等高效率管理、高效率的營運，發揮市場經濟的機

能，建立法規制度，培育人才，提高生產，暢通物流，解除投資貿易障礙，始能有成。

緬甸社會主義計畫經濟及軍政時代的經濟，產業大部分都是傳統農業，屬於表面形式的經濟結構。近代產業倡導國有企業，因此極大部分民間的商業集團的經濟活動都受限制。緬甸今後必須將經濟自由化，鬆綁統制法令，擴大對外開放，勿採強勢統制、閉鎖性禁止等經濟政策，開放自由化市場經濟才有前途。但，緬甸經濟成長經常在正要擴大時，碰到種種障礙就消失了。這是支持近代市場經濟基盤的法制、人才等基礎不完備所導致。如電力不足就是生產基盤條件不完備顯明的典例。近代市場經濟活動力不足就是專業官僚的專業能力不足，亦是經濟成長減速另一重要原因。

有政治權力經濟自由化和解放統制立刻可行。但，經濟環境、制度、人才培育的經營管理，要費長期勞力、並非一蹴可成。所以市場經濟基盤要改善，必需民間資源的投入協助，亦是緬甸政府未來經濟發展

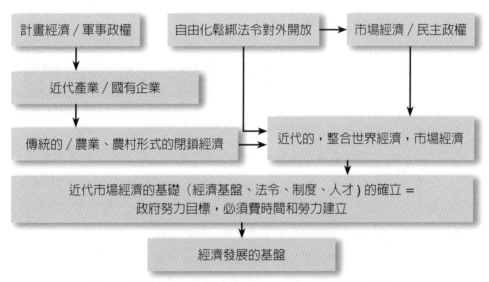

圖1　緬甸統制計畫經濟→開放、市場經濟轉型、發展

資料來源：日本研究緬甸經濟學者工藤年博教授整理，筆者譯。

的努力目標。進入第四年執權的翁山蘇姬要「確立法治經濟自動隨著成長」，擺脫口號標語的階段，進入專業的、機能的具體一貫實施執行階段，亦是追求未來經濟改革第二階段。

過去四年日本政府針對緬甸政府官廳經濟基盤再編整合，由日本國際協力機構（JICA）專家顧問全力協助緬甸政府官員共同參與工作，提供專業知識和建議，對緬甸四年來經濟發展的貢獻深受翁山蘇姬文人政府的肯定。

總之，筆者赴緬甸實地觀察，日本對緬甸投資在水利開發、農業灌溉、工業經濟開發區、醫療設備、中小企業、零售服務業、金融科技、網路通訊、汽車產業等各領域產業，都以經濟為先，外交其次，極其深入有計畫，默默耕耘中，從 2020 年日本現任首相菅義偉就任後首次出訪就到緬甸，足見日本的動機和目的。

現今，緬甸軍權剝奪了人權，沒有人權就沒有法治，也就沒有政治民主和經濟自由。除非緬甸人民自發自救自強，推動全民公投、修訂《憲法》，掃除軍人干政。否則，因政情不穩，外資觀望，緬甸要發展經濟相當困難。

參考文獻

1. 中央社，2021，〈緬甸軍政府血腥鎮壓，美全面中止貿易往來〉。

2. 中華經濟研究院臺灣東南亞國家協會研究中心，2021，〈緬甸政局對經濟與臺商之影響〉。

3. 徐遵慈，2021，〈經濟制裁緬甸，歐美國家陷兩難〉，聯合報。

4. 經濟部，2020，〈緬甸投資法規與稅務〉。

5. 駐緬甸臺北經濟文化辦事處，2020，《緬甸臺商服務手冊》。

6. KIRIN News Release，2021，〈ミャンマーの現状に関する当社の対応について〉。

7. みずは銀行総合研究所，2021，〈ミヤンアー投資环境〉。

8. 工藤年博、大木博巳，2020，《アウンサンスーチー政權下のミヤンマー経濟》，文真堂出版。

9. 日本三菱経濟レポ～ト，2020，〈ミヤンマー経濟の現状と今後の展望〉。

10. 日本中小企業庁，2016-2020，《中小企業白書》。

11. 塚田雄太，2020，〈対外関係と投資环境の改善が課題のミヤンマー〉。

Chapter *5*

《緬甸投資法》的制定與主要內容

張李曉娟[*]

* 日本廣島大學法律學博士，現任環球科技大學應用外語系專任副教授、環球科技大學公
  共事務管理研究所所長。

　　眾所皆知，緬甸是個具有濃厚宗教色彩，有著悠久歷史的文明古國，她也是東南亞國家聯盟成員國之一。無論首都奈比都和平塔、水上人家茵麗湖，抑或舊都曼德勒烏本橋、馬哈牟尼大金佛，以及仰光的大金塔、齋託大金石，這些美麗的景致與佛教聖地，無一不能感受到緬甸虔誠、寧靜的生活氣韻。然而，2021 年 2 月 1 日軍方突然發動政變，拘捕翁山蘇姬（Aung San Suu Kyi），抗議群眾走上街頭，軍民對峙下，瀰漫一片肅殺氣氛；許多外資廠房慘遭縱火，連位於第一大城仰光（Yangon）蘭黛雅工業區（Hlaing Tharyar）的臺資企業「昌億」製鞋廠也被波及；對此，臺商憂心緬甸經濟情況大幅倒退，改革開放 10 年以來好不容易累積起來的經濟成長，「再也回不去了」（中央社，2021a）。

　　中華經濟研究院臺灣東南亞國家協會研究中心特別針對此一變動，邀請產官學各界舉辦會議加以討論，深入探討緬甸政局對緬甸經濟與臺商之影響（中華經濟研究院，2021）。有關緬甸改革開放 10 年以來的歷程中，最為人所熟知的就是 2016 年新訂頒的《緬甸投資法》（*Myanmar Investment Law*, MIL）[1]，積極引進外資，逐步帶動緬甸經濟成長。但是，有關《緬甸投資法》這個法規內容，並非大家都很熟悉；本文擬針對該項法規進行介紹。以下共分三節，第一節《緬甸投資法》的制定背景，第二節《緬甸投資法》的主要內容，第三節《緬甸投資法》的實施狀況，最後提出對緬甸未來經濟發展之展望。

---

[1]　《緬甸投資法》（*Myanmar Investment Law*），國家議會法律No.40/2016，2ⁿᵈ, Waning of Thadingyut,1378 ME. 2016年10月18日。本文採用由德信緬甸律師事務所曾勤博律師及陳戌元律師之譯本。

第一節　《緬甸投資法》的制定背景

壹、《緬甸投資法》的制定背景

根據學者研究，有關緬甸經濟發展歷程，可以大致分為五個時期：(1) 市場經濟民主主義政權（1948-1962 年）；(2) 社會主義計畫經濟軍事政權（1962-1988 年）；(3) 不完全市場經濟軍事政權（1988-2011 年）；(4) 市場經濟軍事主導民主主義政權（2011-2016 年）；(5) 市場經濟民主主義政權（2016 年 4 月 - 現在）（川島哲，2017）。而緬甸經濟發展歷程，於其他章節已有詳論，此處不再贅言。前述臺商所謂「改革開放的時間點」，多以第 4 期市場經濟軍事主導民主主義政權開始的 2011 年起算。

2011 年緬甸大選中，軍方轉型成立的團發黨（聯邦團結與發展黨，簡稱 USDP）取得政權，由登盛（Thein Sein）總統主政下，推動經濟改革，放寬投資政策、改革稅率並整備法律環境。2013 年歐盟解除對緬甸經濟制裁，恢復普遍優惠關稅制（Generalized System of Preferences，GSP），英、法兩國官員先後訪問緬甸並宣布投資教育、農業等產業；即便如此，由於緬甸與歐盟間經濟關係並不深厚，歐盟各國解除經濟制裁對緬甸經濟的影響相當有限（西澤信善，2019）。

其後，在 2015 年的大選中，團發黨不幸落敗，翁山蘇姬率領的國民民主聯盟（簡稱 NLD）贏得選舉，政權交替後展開第 5 期的市場經濟民主主義政權；首位平民總統廷覺（Htin Kyaw）就任，持續擴大對外開放，希望獲得國際青睞，帶動外資持續挹注緬甸經濟發展[2]。特別是

---

[2]　2018年廷覺總統因故辭任，由溫敏（Win Myint）繼任總統。2021年2月1日緬甸政變後，翁山蘇姬、溫敏總統等政府高官被軍方拘留，軍方扶持敏瑞出任緬甸臨時總統，但事實上是由國家領導委員會主席的國防軍總司令敏昂來（Min Aung Hlaing）掌握大權。

2016 年 10 月將舊有的《外商投資法》與《國民投資法》整合，訂頒新的《緬甸投資法》。

貳、緬甸經濟發展策略

有關緬甸經濟發展狀況，許多學者也給予相當關注；西澤信善教授以貧困惡性循環理論（vicious circle of poverty）加以闡釋。所謂的貧困惡性循環理論，是美籍愛沙尼亞經濟學家、哥倫比亞大學教授納克斯（Nurkse）於 1953 年在其著作《不發達國家資本形成》中所提出。他認為經濟發展的原動力在於投資，而投資的源頭在於儲蓄。但是由於國民所得太低，無法儲蓄、缺乏購買力，更沒有能力投資；於是儲蓄少、投資額低、經濟無法有效成長、所得無法提高。這樣一來，所得低、儲蓄少、投資額低，落入反覆惡性循環中。一言以蔽之，這些經濟體的國民之所以貧窮，就是因為貧窮。

而對於緬甸經濟困境的解套方法，西澤信善教授認為無論是登盛或翁山蘇姬主導的政權，其經濟面最大的課題就是積極導入外資，創造良好的投資環境，例如外資導入體制的擴充、改善硬體面的基礎建設、增修投資相關法律等等，採取外資依存型經濟發展策略。（西澤信善，2019）

參、新投資法的改訂過程

其實，緬甸早在 1988 年制定有《外商投資法》（*Foreign Investment Law*），2012 年曾經大幅修正過，針對外資進入緬甸進行各種規範；此外，還有《限制不動產轉讓法》（*the Transfer of Immovable Property Restriction Law of 1987*, TIPRA）、緬甸投資委員會（MIC）發布之行政公告、《公司法》（*the Myanmar Companies Law*）等各項法律，構成複雜的法律環境，對有意赴緬發展的外國企業極為不便。

　　因此，翁山蘇姬率領的國民民主聯盟（NLD）取得政權後，率先將舊有的《外商投資法》與《國民投資法》整合，訂頒新的《緬甸投資法》，讓過去層層疊疊的投資法令，統一整合在單一法規中，期待簡潔合理的法律規範吸引外資湧入，讓緬甸有機會攀上新一波的經濟發展高峰（後藤洋平，2017）。於是，繼歐盟之後，美國也解除對緬甸經濟制裁，而看好緬甸前景的國際知名企業，紛紛前往發展。

　　日本是緬甸的最大投資者之一，多家企業在緬甸設廠發展；例如旗下擁有優衣庫（UNIQLO）快時尚品牌的日本迅銷公司、麒麟控股（Kirin Holdings）、住友集團、豐田汽車、鈴木汽車、大和證券。截至 2020 年 10 月為止，緬甸的日資企業約 427 家，多從事製造業、不動產（飯店與公寓）、建築業，近期也有物流業、服務業進駐發展（みずほ銀行，2021）。臺灣則有製鞋大廠寶成、飼料大廠大成長城、凱馨實業、啓翔鋁業等，先後赴緬甸設廠；當金融業開放外資進入後，臺灣銀行、第一銀行等也陸續進駐布局。

第二節　《緬甸投資法》的主要內容

壹、緬甸投資委員會

　　2016 年 10 月 18 日新頒訂的《緬甸投資法》，共 23 章 101 個條文；2017 年 3 月 30 日頒布施行細則[3]。《緬甸投資法》最重要的就是設立「緬甸投資委員會」（Myanmar Investment Commission, MIC，以下簡稱投委會），明訂其組織、職責及職權範圍。投委會屬於中央政府組成部門之一，主席由總統提名、政府任命，其餘成員由政府各部會或學者專

---

[3]　《緬甸投資法施行細則》，緬甸聯邦共和國政府計畫暨財政部第35/2017號通知，3rd Waxing of Tagu1378 ME,1378 ME. 2017年3月30日。本文採用由德信緬甸律師事務所曾勤博律師及陳戌元律師之譯本。

家、社會賢達者中選任，人數不得低於 9 人（該法第 4 章）[4]。

投委會（MIC）的工作目標包括：(1) 根據聯盟議會頒布的新投資法保護投資者；(2) 維護環境保護；(3) 強力避免社會衝擊；(4) 在財務事項上依照國際標準進行會計和審計；(5) 創造就業機會；(6) 遵守現行勞動法；(7) 支持企業社會責任；(8) 轉讓技術。[5]

投委會（MIC）的責任在於執行國家之獎勵投資活動，就聯邦部會及各省邦政府發展產業實現經濟目標，提供投資政策建議；每三個月定期向總統及政府進行工作彙報，每年必須向國家議會（Pyidaungsu Hluttaw）報告投委會所批准的投資案執行概況。（第 24 條）

投委會（MIC）的權限則在於劃分獎勵類、限制類、禁止類等投資類別，並將通知加以公告。尤其是投委會負責審核投資者提出之投資申請方案，凡是對國家具有戰略意義之產業或投資活動、大型資金密集之投資項目、對環境與在地族群有潛在重大影響之投資項目、使用國有土地與建物的產業或投資活動等，必須由投委會（MIC）審核，符合國家利益或相關法令者，始核發投資許可（Permit）（第 8 章第 36 條）；其他的投資案，投資者只要填報表單提交認可申請，資料完備者投委會

---

4 根據緬甸政府於2019年9月19日發出的第55/2019號通知，緬甸投資委員會的現行組織如下：

1. H.E. U Thaung 投資與對外經濟部部長；2. H.E. Dr. Than Myint 商務部部長副主席；3. H.E. U Tun Tun Oo 聯盟總檢察長辦公室官員；4. U Set Aung 計畫和財政部官員；5. Daw Nilar Kyaw 仰光地方政府官員；6. Dr. Aung Tun 經濟學家；7. U Khin Maung Yee 自然資源和環境保護部常任祕書長；8. U Toe Aung Myint 常任商務部部長；9. U Htein Lwin 電力與能源部常任祕書長；10. U Htay Chun 投資與企業管理局副總幹事（已退休）；11. U Aye Lwin 緬甸工商聯合會中央執行委員會委員；12. U Thant Sin Lwin 投資與企業管理局主任祕書；13. Daw Mya Thuza 投資與企業管理局副總幹事（已退休）。

5 參考緬甸投資與企業管理局（Directorate of Investment and Company Administration, DICA）網站，https://www.dica.gov.mm/en/information-myanmar-investment-commission-mic。（擷取日期：2021年3月24日）

（MIC）予以認可（Endorsement）（第 9 章第 37 條至第 39 條）。

換言之，2016 年的《緬甸投資法》對投委會（MIC）的角色做些許調整，增列一項投資認可制度（Endorsement），若投資者提交的投資方案內容完備，進行必要之審查後，未違反現行法令則發給投資認可。這樣一來，可以減少由投委會（MIC）批准投資許可的件數，大多數的投資案可以透過認可制度進行審查即可；許多投資者可以快速落實其投資方案，避免在審批的行政流程中嚴重塞車。許可制與認可制的申請流程，請參考緬甸投資與企業管理局（DICA）。

特別值得一提的是，由於《緬甸投資法》是將舊有的《外商投資法》與《國民投資法》整合，訂頒新法，所以其適用對象並不區分是外資或內資，適用所有的投資者，包含國內既存或新投資案，且同樣適用於政府部門及政府機構執行之投資相關計畫案（第 3 章第 4 條至第 5 條）。至於外資的定義，另行規範於《緬甸公司法》[6]。

貳、投資類別劃分

有關緬甸境內的投資類別，各別劃分為獎勵類、限制類、禁止類等。禁止類的投資項目，指的是：(1) 可能為國家帶來危險或有毒廢棄物之產業或投資活動；(2) 尚處在實驗階段或未取得使用、種植、栽種核准之技術、藥物及動植物之產業或投資活動；(3) 有影響國內民族地方傳統文化習俗之虞的產業或投資活動；(4) 危及公眾之投資活動；(5) 有嚴重損害環境及生態系統之虞的產業或投資活動，以及 (6) 現行法禁

---

[6] 2017年新修訂的《緬甸公司法》（*the Myanmar Companies Law*），外國人設立公司有三類，100%外資有限公司、合資公司、外國公司分公司；如未取得分公司執照的外國銀行，可以設立代表處。合資公司則依照外資控股比例來區分為內資公司或外資公司，緬甸國民投資者最低直接持股或利益比為20%，而外國投資者股權超過35%時，該公司列為外資，若維持在35%以內則列為內資。（安侯建業，2020）

止的產品製造或服務提供之產業或投資活動（第 10 章第 41 條）。

限制類投資項目則包括有：(1) 僅政府有權從事之投資活動；(2) 限制外國投資者從事之投資活動；(3) 僅允許與由純緬甸國民擁有之企業或緬甸國民合資從事之投資活動，以及 (4) 須獲得有關部門推薦方核准之投資活動（第 10 章第 42 條）。詳細請參考表 1。

表 1　《緬甸投資法》的限制性投資項目

僅緬甸聯邦政府有權從事之投資活動	國防安全、武器彈藥、郵務、航空交通服務、飛機領航、天然林和森林地區、放射性金屬、電力系統控制、電力檢查等相關事業。
限制外國投資者從事之投資活動	民族語言出版刊物、淡水漁業、動物進出口檢疫站、寵物照護服務、林產品、中小型規模之礦物勘探與生產與精製、油井採勘、導遊服務、迷你市場與便利商店。
允許合資從事之投資活動	漁業、漁港、甜食、可可和巧克力等各種糖果的製造和國內分銷有關的研究活動、住宅公寓和共管公寓的開發銷售和租賃、當地旅遊服務。
有關部門、委員會核准進行之投資活動	出版外文期刊、有線電視、動物疾病診斷實驗室服務、飛機維修和保養、木材工業、私人醫院服務、100 英畝以上投資活動。

資料來源：緬甸投資與企業管理局（DICA）。https://www.dica.gov.mm/en/Investment。

至於獎勵類投資項目，則於《緬甸投資法施行細則》中揭示，經政府授權，投委會（MIC）得不定時發布公告，詳列獎勵類投資項目清單（施行細則第 26 條）。目前公告獎勵類投資項目包括：農業及其相關服務（菸草種植和生產除外），人工林和森林保護以及其他與森林有關的業務，畜牧生產、漁業產品的繁殖和生產以及相關服務，製造業（香菸、酒、啤酒和其他對健康有害的產品製造除外），建立工業區，建立新的市區，城市發展活動，公路、橋梁和鐵路線的建設，海港、內河港

口及陸港建設，機場的管理、營運和維護，飛機維修、供應和運輸服務，發電、輸電和配電，生產再生能源，電信業務，教育服務，健康服務，資訊科技服務，酒店和旅遊，科學研究開發事業等 20 種項目。

參、投資租稅優惠

同時，提供投資者相關優惠措施，例如享有土地或建物等不動產長期租賃權利，最高 50 年，必要時可展延 10 年或再展延 10 年的優惠（第 12 章第 50 條）；稅務上一併提供優惠，在標定第一區低度發展區的投資者，最長可以連續 7 年免除企業所得稅，第二區中度發展區的投資者，最長連續 5 年免除企業所得稅，第三區已發展區的投資者，最長連續 3 年免除企業所得稅（第 18 章第 75 條）。詳細請參考表 2。

表 2　依據《緬甸投資法》享有之租稅獎勵優惠措施

公司所在地	低度發展區	中度發展區	已發展區
公司（企業）所得稅減免	7 年	5 年	3 年
公司（企業）所得稅優惠	■一年以內再投資於同一項目或同類型項目，所得利潤將得到公司（企業）所得稅豁免 ■允許固定資產採用加速折舊法 ■減少出口所得之 50% 企業所得稅 ■減少研發費用的稅收		
關稅	■建造期間，針對緬甸國內無法取得的機械設備、建造材料，免除關稅 ■出口貨物之進口原料，免除關稅		
商業稅	■建造期間，針對緬甸國內無法取得的機械設備、建造材料，免除商業稅 ■生產供出口之貨物，免除商業稅		

資料來源：駐緬甸臺北經濟文化辦事處（2020）。

第三節　《緬甸投資法》的實施概況

壹、緬甸投資與企業管理局

　　緬甸聯邦政府於 2018 年 11 月 19 日設立投資與對外經濟關係部（Ministry of Investment and Foreign Economic Relations, MIFER），而原來作為政府與企業間視窗的投資與企業管理局（Directorate of Investment and Company Administration, DICA，以下簡稱投管局），改隸屬其下。投管局（DICA）負責投委會（MIC）相關的行政管理工作，創造有利的投資環境，促進私營部門發展及國內外投資。同時，將投管局（DICA）辦公室從首都奈比都遷到仰光，增進投資者運用的便利性。

　　投管局（DICA）主要職能如下：(1)作為投資與企業的監督管理者；(2)作為企業的註冊單位；(3)作為投資促進機構；(4)作為投委會（MIC）的祕書處。此外，投管局（DICA）負責起草、談判和審批雙邊投資促進與保護協定，它也是東協投資相關事務的協調部門。投管局（DICA）的主要功能在於提供相關資訊，強化投資者之間合作並建立脈絡關係，創造有利於國家和工商界的新機會，鼓勵並促進外國投資。

　　投管局（DICA）為使緬甸各領域業務順利發展，主要執行的業務有：探索和評估新的投資機會、尋求土地空間和資本進行投資、促進投資者之間的互利協調、以緬甸經濟成長與發展為最優先事項、推廣投資服務和產品等。所以，投管局不斷向潛在投資者提供大量檔案和資訊，並保持最新狀態，例如《緬甸投資指南書》，為潛在投資者在緬甸開展業務提供基本資料，介紹企業註冊表格和指引。投管局還設立單一服務窗口（Yangon Branch Office and One Stop Services, OSS），以提升對投資者的服務效率。該局組織架構請參考緬甸投資與企業管理局（DICA）。

貳、緬甸外資投資實況

　　經濟合作暨發展組織（Organization for Economic Cooperation and Development，以下簡稱 OECD）是全球 37 個市場經濟國家組成的跨政府國際組織，2014 年對緬甸提出第一份投資政策評論。OECD 指出，緬甸急須改革投資政策之框架，許多法律過時無法適用且投資程式繁瑣，不符合國際標準（OECD, 2014）。其後，緬甸逐步建置新的法律框架，取代過去殖民時代法律，爲經濟發展奠定法律基礎。

　　對此，2020 年 OECD 再度發表第二份緬甸投資政策評論，肯定其努力，尤其是 2015 年設立緬甸第一個經濟特區——迪拉瓦經濟特區（Thilawa Special Economic Zone）[7]，良好的商業環境，吸引了來自近 20 個國家的 100 多個投資者，也爲緬甸國民創造優質的工作。這些改革也導致外國投資增加，從 2011-2019 年，外國直接投資（Foreign Direct Investment, FDI）存量平均每年增長 12%，在緬甸的經濟轉型中扮演重要角色，爲資本積累和生產力增長做出貢獻（OECD, 2020）。

　　此外，緬甸投委會（MIC）剛發布的年度報告（2019.10.1-2020.9.30）顯示，本年度外資投資新項目 245 個、投資總額爲 42.35 億美元，並批准 110 個現有項目增資 12.91 億美元。根據《緬甸投資法》，外國直接投資總額爲 55.26 億美元，含增資部分。另一方面，迪拉瓦經濟特區委員會批准了 8 個新的投資項目，達 16,327.70 萬美元。因此，本年度的

---

[7] 根據2014年《緬甸經濟特區法》（*Myanmar Special Economic Zone Law of 2014*），架構出三大經濟特區，包括迪拉瓦（Thilawa）、皎漂（Kyauk Phyu）、土瓦（Dawei）。迪拉瓦經濟特區位於仰光南方25公里處，自2011年1月開始籌設，由緬甸政府與外資合資設立。外資爲日本國際協力機構、三菱商事、丸紅商事及住友商事組成「緬日迪拉瓦開發公司」（Myanmar Japan Thilawa Development），總投資金額高達32億美元。該經濟特區面積2,500公頃，2015年9月開始運作，是緬甸國內第一個經濟特區。有關經濟特區之外資土地租賃優惠、租稅獎勵，另行規範。

外國直接投資總額爲 56.89 億美元。外國投資項目共創造了 193,871 個工作機會，包括緬甸國民 189,135 個工作和外籍移工的 4,736 個工作（緬甸投委會，2020a）。緬甸投委會（MIC）也同時公告，直到 2020 年 10 月底，在緬甸投資最多的國家依序是新加坡、中華人民共和國、泰國。電力部門占 26.14%，石油和天然氣部門占 26.05%，製造業占外國投資總額的 14.56%。（緬甸投委會，2020b）

參、緬甸未來經濟展望

2020 年 OECD 緬甸投資政策評論中，讚許緬甸經濟改革有成的同時，也提出後續改善建議。OECD 認爲 2016 年《緬甸投資法》和 2018 年《公司法》，爲投資環境奠定了相當基礎，符合國際標準，值得肯定；但是緬甸仍面臨許多挑戰，改革必須持續深化。首先，OECD 強調這些新法實施的成功，取決於司法體系和緬甸法院的獨立性和能力，未來應持續改善以強化投資者對這些新法有效性之信賴。

其次，有關《緬甸投資法》第 42 條、第 43 條規定，緬甸投委會（MIC）是發布限制投資活動清單裡「負面清單」（negative list）的機構，其地位應加以明確化；這需要政府內部的強力協調，以提高外國投資者對投資制度運作方式的理解。加上，現行的公告（15/2017）和適用限制之間有不一致的地方。例如國家安全服務活動被禁止，但卻未列於公告中，若持續出現未被列出或未被更新的狀況，將造成不確定性。

此外，2016 年《緬甸投資法》規定所有在緬甸的外國投資者可以享受長期租賃優惠（可續簽長達 50 年、可延期兩次，每次 10 年），是其主要成就之一，也是改善商業環境的關鍵。然而，緬甸《限制不動產轉讓法》（TIPRA）規定外國人不可擁有土地所有權，《公司法》卻又開放持股 35% 以上外資公司可以擁有土地及租賃，導致部分外資申請土地租賃過程困難重重。未來希望能發布更明確的指示和程式，以便相

關機構有效執行。（OECD, 2020）

　　綜上所述，2011 年以來緬甸採取外資依存型經濟發展策略，積極導入外資，持續改善投資環境，增修投資相關法規，以突破經濟發展困境。特別是 2016 年頒訂《緬甸投資法》，將本國投資與外國投資併入同一法規，適用對象不區分外資或內資，適用所有投資者；就投資領域上，劃分投資類別並給予賦稅優惠。同時，為提高投委會（MIC）的外資申請審查效率，採取認可制與許可制，降低流程繁複度。投管局（DICA）擔任投委會（MIC）的執行祕書，提供資訊並強化投資者間合作、建立脈絡關係，鼓勵並促進外國投資。這些改革，也廣受 OECD 等國際組織的肯定，讚許緬甸經濟改革有成。

　　然而，隨著緬甸軍方發動政變導致國內政經局勢詭譎，我國駐緬甸臺北經濟文化辦事處貼出公告，緬甸軍方 3 月 15 日起關閉手機行動網路通訊，並下令網路供應商暫停無線網路服務，意圖阻擾抗爭民眾相互聯繫，顯見緊張局勢未見和緩（駐緬甸臺北經濟文化辦事處，2021）。世界銀行（IMF）也在 3 月 26 日發布新經濟預測，受軍事政變後國內抗議活動、罷工與經濟制裁影響，關鍵性公共服務、銀行物流及網路服務受到持續破壞，2021 年緬甸經濟將萎縮 10%，與去年 10 月預期增長 5.9% 大相逕庭（路透社，2021）。

　　特別是 3 月 27 日緬甸安全部隊執行血腥鎮壓，造成上百位抗議示威者死亡，美國貿易代表署即刻宣布，根據 2013 年美緬貿易暨投資架構協定（TIFA），暫停與緬甸的所有貿易往來，且美國國會將重新考慮緬甸普遍優惠關稅制（GSP），評估緬甸是否符合國際公認的勞工權利資格標準。這項禁令將持續至緬甸民選政府回歸為止（中央社，2021b）。未來，亞洲最後淨土的緬甸經濟發展值得期待，但同時面臨許多嚴峻挑戰，誠如 OECD 河野正道副祕書長所言，緬甸各項改革必須持續深化，改革之路依舊遠長。

參考文獻

1. 中央社，2021a，〈緬甸情勢持續惡化 臺商憂治安動盪經濟大倒退〉，2021.03.16。

2. 中央社，2021b，〈緬甸軍政府血腥鎮壓 美全面中止貿易往來〉，2021.03.30。

3. 中華經濟研究院臺灣東南亞國家協會研究中心，2021，〈東南亞經貿工作推廣平臺第十二次會議 緬甸政局對緬甸經濟與臺商之影響〉，2021.07.08。

4. 安侯建業，2020，《緬甸投資手冊》。

5. 經濟部，2020，〈2020緬甸投資法規與稅務〉。

6. 路透社，2021，〈緬甸經濟今年料萎縮10%受國內動亂影響——世界銀行〉，2021.03.26.取用自：https://cn.reuters.com/article/myanmar-economy-0326-fri-idCNKBS2BI077。

7. 駐緬甸臺北經濟文化辦事處，2020，《緬甸臺商服務手冊》。

8. 駐緬甸臺北經濟文化辦事處，2021，〈緬甸軍民衝突未有和緩跡象，提醒旅緬國人注意安全〉，https://www.roc-taiwan.org/mm/post/8252.html。

9. みずほ銀行、みずほ總合研究所，2021，ミャンマー投資環境。

10. 川島哲，2017，〈ミャンマー新政権樹立以降の經濟的変化とその課題〉，《金沢星稜大学論集》第51巻第1号。

11. 西澤信善，2019，〈ミャンマーの政治経済は2011年の民政移管後どのように変わったのか〉。

12. 後藤洋平，2017，〈ミャンマーで新投資法が成立、改正の背景と現の運用、情報センサーVol.120〉。

13. MIC, 2020a, Summary of an Annual Investment Report of the Myanmar Investment Commission 2019-2020 FY (1stOct to 30stSep). https://www.dica.gov.mm/en/announcements-information.

14. MIC, 2020b, MYANMAR INVESTMENT COMMISSION APPROVES INVESTMENT PROPOSALS WHICH WILL CREATE 3,300 JOBS OPPORTUNITIES, 2020.11.25. https://www.dica.gov.mm/en/news/myanmar-investment-commission-approves-investment-proposals-which-will-create-3300-jobs.

15. OECD INVESTMENT POLICY REVIEWS: MYANMAR 2014, 2014, OECD.

16. OECD INVESTMENT POLICY REVIEWS: MYANMAR 2020, 2020, OECD.

17. 緬甸投資與企業管理局（DICA），https://dica.gov.mm/en/values-development-and-structure.

《緬甸投資法》的制定與主要內容

Chapter *6*

緬甸的農業經濟

林三立[*]

[*] 美國科羅拉多州立大學經濟學博士，現任環球科技大學企業管理系兼任副教授。

　　緬甸位於中南半島西部，爲東南亞國家協會第二大成員國。國土面積 676,590 平方公里，爲世界第 40 大國。依據世界銀行（The World Bank）的統計資料，2020 年緬甸人口數爲 54,409,794 人，世界排名第 26 位。

第一節　緬甸的經濟與產業概況

壹、經濟及產業概況

　　世界銀行有關緬甸的主要發展指標數據顯示如表 1，自 2011 年對外開放後，隨著經濟發展，2019 年緬甸以當期美元計價的國內生產毛額（GDP）爲 760.9 億美元；以 2010 年爲基期計算的 GDP 成長率，2018 年達 6.8%，2019 年則大幅降爲 2.9%。2019 年的通貨膨脹率爲 7.6%；至於以當期美元計價的人均 GDP 爲 1,408 美元，人均國民所得（GNI per capita）則爲 1,390 美元。

表 1　緬甸主要經濟指標

指標	2011	2016	2017	2018	2019
GDP（千美元）	59,977,326	67,184,237	68,945,867	76,168,044	76,085,853
GDP 成長率（%）	5.6	5.8	6.4	6.8	2.9
通貨膨脹率（%）	10.3	5.4	5.4	6.3	7.6
人均 GDP（美元）	1,176	1,267	1,292	1,418	1,408
人均 GNI（美元）	1,010	1,280	1,290	1,370	1,390

資料來源：世界銀行。

農業雖爲緬甸經濟發展之根基，但是其產值卻是逐年遞減，如表2所示。2011 年農業產值爲 194.9 億美元，占當年 GDP 的比率將近三分之一，爲 32.5%；然而，隨著經濟的開放，其後逐年以 1-2% 的速度遞減；至 2018 年爲 162.6 億美元，占當年 GDP 的比率則僅爲 21.4%。

相較之下，其工業及製造業的產值占 GDP 的比率，近年則呈現遞增的趨勢，恰與農業產值占 GDP 的比率走勢相反。工業產值占 GDP 的比率由 2011 年 31.3% 增至 2018 年爲 38.0%，其中製造業產值占 GDP 的比率則由 2011 年 19.7% 增至 2018 年爲 24.8%，已經超越農業產值。

表 2　緬甸主要產業產值概況

指標	2011	2016	2017	2018
農業產值（千美元）	19,490,341	16,740,716	15,859,470	16,264,963
農業產值占 GDP 比率（%）	32.5	24.9	23.0	21.4
工業產值（千美元）	18,767,894	23,829,684	25,332,621	28,913,977
工業產值占 GDP 比率（%）	31.3	35.5	36.7	38.0
製造業產值（千美元）	11,828,316	15,447,233	16,701,748	18,859,449
製造業產值占 GDP 比率（%）	19.7	23.00	24.2	24.8

資料來源：世界銀行。

貳、地理位置及自然環境概況

緬甸國土東與泰國和寮國接壤，北及東北與中國大陸交界，西與孟加拉爲鄰並臨孟加拉灣，南與西南濱馬達班灣和安達曼海。其領土東西最寬爲 936 公里，南北最遠距離爲 2,051 公里，海岸線總長達 2,832 公里。（經濟部投資業務處，2020）

緬甸自然條件優越，陽光充足、雨量充沛、土地肥沃，且地勢平坦，河流湖泊縱橫全國，灌溉條件好。此外，緬甸位於南亞季風區，屬熱帶季風氣候，多雨潮濕；6 月至 9 月爲雨季，12 月至 4 月較乾爽。由於氣溫和降雨量適合各種作物生產，農產富饒，稻米及各種豆類爲農產品出口大宗。（經濟部投資業務處，2020）

參、土地利用概況

緬甸國土面積 676,590 平方公里中，約有 96.5% 爲陸地；2018 年陸地面積爲 652,790 平方公里，較 2011 年減少 500 平方公里。

2016-2018 年農地面積、耕地面積、農地面積占陸地面積比率，及耕地面積占陸地面積比率均逐年遞增；農地面積由 127,600 平方公里增至 128,890 平方公里，其占陸地面積比率由 19.54% 增至 19.74%；耕地面積則由 109,480 平方公里增至 110,803 平方公里，其占陸地面積比率亦由 16.76% 增至 16.97%。

此外，緬甸的森林面積則在逐年減少當中，2011 年尚有 311,513 平方公里，卻以每年幾近 2,900 平方公里的速度遞減，2016 年減至 297,027 平方公里，至 2018 年只剩 291,233 平方公里；2011 年森林面積占陸地面積比率爲 47.68%，2016 年及 2018 年則分別減爲 45.48% 及 44.61%，如表 3 所示。

表 3　緬甸土地利用指標

指標	2011	2016	2017	2018
陸地面積（平方公里）	653,290	653,080	652,790	652,790
農地面積（平方公里）	125,580	127,600	128,707	128,890
農地占陸地面積比率（%）	19.22	19.54	19.72	19.74
耕地面積（平方公里）	107,860	109,480	110,616	110,803
耕地占陸地面積比率（%）	16.51	16.76	16.95	16.97

指標	2011	2016	2017	2018
森林面積（平方公里）	311,513	297,027	294,130	291,233
森林占陸地面積比率（%）	47.68	45.48	45.06	44.61

資料來源：1. 世界銀行。2. 聯合國糧食及農業組織。

肆、人口結構概況

依據世界銀行的人口統計資料，緬甸人口數由 2011 年的 5,099 萬人，逐年遞增至 2020 年為 5,441 萬人；人口成長率則由 2011 年的 0.77%，逐年減至 2018 年為 0.61%，之後轉為遞增，2020 年增為 0.67%。人口密度則是由 2011 年每平方公里 78.1 人，逐年遞增至 2018 年為 82.3 人。

2016-2020 年期間，緬甸 15-64 歲人口比率由 67.3% 遞增至 68.3%，65 歲以上人口比率亦由 5.4% 遞增至 6.2%，兩者合計則由 72.7% 遞增至 74.5%，如表 4 所示；由此可知，15 歲以下人口比率則呈現遞減趨勢。此外，若 65 歲以上人口每年繼續以 0.2% 的速度增長的話，預估緬甸 65 歲以上老年人口即將於 2024 年達到人口總數的 7%，進入所謂的高齡化社會（Aging Society）。

表 4　緬甸人口結構指標 (1)

指標	2011	2016	2017	2018	2019	2020
人口數（萬人）	5,099	5,305	5,338	5,371	5,405	5,441
人口成長率（%）	0.77	0.69	0.64	0.61	0.63	0.67
人口密度（人／平方公里）	78.1	81.2	81.8	82.3	---	---
15-64 歲人口比率（%）	---	67.3	67.6	67.8	68.1	68.3
65 歲以上人口比率（%）	---	5.4	5.6	5.8	6.0	6.2
15 歲以上人口比率（%）	---	72.7	73.2	73.6	74.1	74.5

資料來源：世界銀行。

　　2011-2019 年期間，緬甸女性人口均多於男性人口，且人數差距逐年微幅擴大；其女性及男性占總人口數的比率，則分別大致維持在 51.8% 及 48.2%，相當穩定。

　　緬甸農村人口數雖然由 2011 年的 3,617 萬人，逐年遞增至 2019 年為 3,737 萬人；但是其成長率則呈遞減現象，由 2011 年的 0.50%，至 2019 年減為 0.23%。此外，農村人口數占人口總數的比率亦由 2011 年的 70.93%，逐年遞減至 2019 年為 69.15%，如表 5 所示。

表 5　緬甸人口結構指標 (2)

指標	2011	2016	2017	2018	2019
女性人口數（萬人）	2,641	2,748	2,766	2,783	2,800
女性人口比率（%）	51.80	51.80	51.81	51.81	51.81
男性人口數（萬人）	2,458	2,557	2,573	2,588	2,605
男性人口比率（%）	48.20	48.20	48.19	48.19	48.19
農村人口數（萬人）	3,617	3,709	3,720	3,729	3,737
農村人口成長率（%）	0.50	0.37	0.29	0.24	0.23
農村人口比率（%）	70.93	69.92	69.68	69.42	69.15
城市人口比率（%）	29.07	30.08	30.32	30.58	30.85

資料來源：世界銀行。

第二節　緬甸的農業生產概況

壹、農業就業概況

　　緬甸就業人口比率從 2001 年的 71.5%，逐年下降至 2019 年為 60.1%。依據聯合國糧食及農業組織（Food and Agriculture Organization of the United Nations，縮寫為 FAO；簡稱糧農組織）勞動力調查（Labour force survey）資料顯示，2019 年農村地區勞動參與率（Labour force participation rate）為 60.66%，其中女性勞動參與率為 46.43%，遠低於男性的 77.39%。此外，農村地區就業者占其人口比率為 60.43%，其中女性就業者占女性人口比率為 46.25%，亦遠低於男性的 77.10%。

緬甸 2019 年農業就業人口（Employment in agriculture）有 1,077 萬人，農業就業人口占總就業人口比率為 48.85%；其中女性只占 36.78%，亦遠低於男性的 63.21%。2019 年女性就業人口中，其農業就業比率占 42.70%；而男性就業人口中，其農業就業比率則較高，占 53.32%。由此得知，緬甸男性就業者中，從事農業者的比率高於女性。

此外，2019 年緬甸全國所有受雇人員（Employees）中，從事於農業的比率為 32.56%；其中女性占 42.71%，男性占 57.29%。而女性受雇人員中，從事於農業的比率為 32.92%；男性受雇人員中，從事於農業的比率則略低於女性，為 32.30%，如表 6 所示。

表 6　緬甸農業就業指標

指標	2017	2018	2019
就業人口比率（%）	61.2	61.9	60.1
農村地區勞動參與率（%）	62.96	63.35	60.66
農村地區女性人口勞動參與率（%）	48.74	50.07	46.43
農村地區男性人口勞動參與率（%）	79.50	78.81	77.39
農村地區就業人口比率（%）	62.12	62.95	60.43
農村地區女性人口中就業者所占比率（%）	47.89	49.64	46.25
農村地區男性人口中就業者所占比率（%）	78.66	78.44	77.10
農業就業人口（萬人）	1,111	1,086	1,077
農業就業人口比率（%）	50.61	48.17	48.85
女性農業就業人口（萬人）	423	414	396
農業就業人口中女性比率（%）	38.08	38.11	36.78

指標	2017	2018	2019
男性農業就業人口（萬人）	688	672	681
農業就業人口中男性比率（%）	61.92	61.89	63.21
女性就業人口中農業就業比率（%）	45.73	42.90	42.70
男性就業人口中農業就業比率（%）	54.17	52.11	53.32
受雇人員中農業受雇人員比率（%）	31.79	26.56	32.56
農業受雇人員中女性比率（%）	43.11	43.39	42.71
農業受雇人員中男性比率（%）	56.89	56.61	57.29
女性受雇人員中農業受雇人員所占比率（%）	32.30	27.57	32.92
男性受雇人員中農業受雇人員所占比率（%）	31.41	25.84	32.30

資料來源：1. 世界銀行。2. 聯合國糧食及農業組織。

貳、農業生產概況

依據世界銀行的統計資料，見表 7，以 2010 年美元計價的緬甸農業產值，2018 年為 203.4 億美元；當年平均每位農業就業人口的產值為 1,725 美元，尚不及其每位工業就業人口產值 6,379 美元的三分之一及每位服務業就業人口產值 4,346 美元的二分之一，敬陪末座。

表 7　緬甸農業產值統計 (1)

指標	2016	2017	2018
農業產值（千美元）	20,009,454	20,023,340	20,340,812
每位農業就業人口產值（美元）	1,606	1,655	1,725
每位工業就業人口產值（美元）	5,770	6,529	6,379
每位服務業就業人口產值（美元）	3,959	4,246	4,346

資料來源：世界銀行。

此外，在有統計數據的 165 個國家當中，2018 年緬甸平均每位農業就業人口的產值排名第 130 名，落在第三四分位數（Third quartile, Q3）1,872 美元之後；且在東協國家中，亦僅高於第 138 名柬埔寨的 1,305 美元及第 140 名越南的 1,233 美元。（Knoema, 2021）

一、農畜產品生產概況

另以購買力平價（Purchasing Power Parity, PPP）計算的緬甸農業產值，2019 年達到 341 億國際元（International dollar, Int'$），為歷史新高；其中農作物產值近十年均維持在 210 億國際元以上，而畜產產值則是逐年遞增。緬甸畜產產值於 2010 年僅有 59 億國際元，約為當年農作物產值的四分之一強；2019 年則已大幅增至 107.6 億國際元，產值已接近農作物的二分之一。

此外，若將農作物與畜產兩項產值改以糧食（Food）及非糧食（Non food）呈現，其中糧食產值自 2012 年起逐年成長，並於 2015 年突破 300 億國際元，2019 年達到 331.6 億國際元。非糧食產值部分，2017 年前皆低於 6 億國際元，且不及糧食的 2%；2018 年及 2019 年連續兩年非糧食產值均為糧食產值的 2.16%，分別為 7.1 億國際元及 6.8 億國際元，如表 8 所示。

表 8　緬甸農業產值統計 (2)

單位：1,000 國際元

年度	農業生產	農作物	畜產	糧食	非糧食
2010	29,796,717	23,435,338	5,906,787	28,837,028	505,098
2011	28,642,488	21,914,556	6,287,214	27,743,825	457,945
2012	28,302,905	21,078,184	6,837,606	27,434,153	481,638
2013	29,611,619	21,723,627	7,465,112	28,695,715	493,024
2014	30,842,154	22,167,929	8,229,543	29,871,522	525,951

年度	農業生產	農作物	畜產	糧食	非糧食
2015	31,712,977	22,375,359	8,903,155	30,731,583	546,931
2016	31,970,244	22,339,571	9,236,052	31,010,848	564,775
2017	32,447,836	22,698,163	9,416,803	31,524,794	590,172
2018	33,862,968	23,341,013	10,218,589	32,850,020	709,582
2019	34,100,184	23,076,986	10,762,480	33,160,045	679,421

資料來源：聯合國糧食及農業組織。

　　以農作物中的穀物與豆類及畜產品中的國產肉品與乳品及乳製品為例，了解緬甸部分糧食產值變動情形。近十年穀物的總產值均能維持在 100 億國際元以上，最低為 2016 年的 105.6 億國際元，最高為 2010 年的 129.7 億國際元；豆類總產值則是逐年遞增，2019 年達到 44.6 億國際元，十年間增加 17.7 億國際元。國產肉品總產值亦由 2010 年的 46.6 億國際元逐年遞增，至 2019 年達到 87.8 億國際元，十年間增加 41.2 億國際元；乳品及乳製品的總產值亦是逐年遞增，於 2015 年突破 10 億國際元，2019 年達到 10.8 億國際元，如表 9 所示。

表 9　緬甸農業產值統計 (3)

單位：1,000 國際元

年度	穀物	豆類	國產肉品	乳品及乳製品
2010	12,969,116	2,690,706	4,660,661	699,990
2011	11,616,854	2,858,399	4,962,844	726,645
2012	10,711,064	3,049,370	5,430,683	774,266
2013	10,798,929	3,354,086	5,940,746	834,207
2014	10,844,786	3,606,333	6,567,007	918,005
2015	10,772,211	3,692,859	7,093,449	1,005,724
2016	10,561,912	3,875,236	7,360,716	1,029,101

年度	穀物	豆類	國產肉品	乳品及乳製品
2017	10,905,769	4,069,000	7,501,914	1,030,450
2018	11,299,030	4,262,764	8,289,292	1,032,198
2019	10,780,145	4,456,527	8,777,928	1,080,363

資料來源：聯合國糧食及農業組織。

　　進一步以穀物生產面積及生產量為例，了解緬甸農業生產情形，如表10所示。緬甸最近十年穀物收穫面積由896萬公頃降為783萬公頃，減少113萬公頃；生產量隨之由3,404萬公噸降為2,868萬公噸，減少536萬公噸；平均每公頃產量也由3,798公斤降為3,662公斤，減少136公斤。

　　相較於臺灣、越南及柬埔寨2019年穀物的平均每公頃產量分別為6,493公斤、5,697公斤及3,758公斤，緬甸穀物的單位面積生產量確屬偏低。由此可見，緬甸的農業發展競爭力仍顯不足。

表10　緬甸穀物生產概況

年度	收穫面積（公頃）	生產量（公噸）	平均產量（公斤／公頃）
2010	8,963,013	34,042,752	3,798
2011	8,534,262	30,636,485	3,590
2012	7,966,471	28,341,452	3,558
2013	7,966,338	28,622,447	3,593
2014	7,918,223	28,794,118	3,636
2015	7,829,643	28,634,816	3,657
2016	7,790,905	28,108,865	3,608
2017	7,959,208	29,009,806	3,645
2018	8,095,314	30,020,506	3,708
2019	7,831,904	28,681,784	3,662

資料來源：聯合國糧食及農業組織。

二、主要農畜產品生產概況

　　若以單項農畜產品的產出進行比較，見表 11，緬甸 2017-2019 年產量最高前五名依序均為稻穀、甘蔗、豆類、鮮乳及玉米；產值最高前五名則依序均為稻穀、豆類、國產雞肉、國產豬肉及國產牛肉，見表 12。這三年間，除了稻穀的產量及產值有減少之外，其餘均為逐年遞增。

表 11　緬甸主要農畜產品產量

單位：公噸

排序	2017		2018		2019	
	產品	產量	產品	產量	產品	產量
1	稻穀	26,546,386	稻穀	27,573,589	稻穀	26,269,814
2	甘蔗	10,370,042	甘蔗	11,397,183	甘蔗	11,846,176
3	豆類	5,338,216	豆類	5,592,419	豆類	5,846,622
4	鮮乳	2,200,000	鮮乳	2,200,000	鮮乳	2,300,000
5	玉米	1,909,295	玉米	1,984,136	玉米	1,985,765

資料來源：聯合國糧食及農業組織。

表 12　緬甸主要農畜產品產值

單位：1,000 國際元

排序	2017		2018		2019	
	產品	產值	產品	產值	產品	產值
1	稻穀	10,381,483	稻穀	10,783,191	稻穀	10,273,324
2	豆類	4,069,000	豆類	4,262,764	豆類	4,456,527
3	國產雞肉	2,867,749	國產雞肉	2,981,475	國產雞肉	3,065,302
4	國產豬肉	1,846,872	國產豬肉	2,277,596	國產豬肉	2,433,053
5	國產牛肉	1,717,946	國產牛肉	1,737,467	國產牛肉	1,873,715

資料來源：聯合國糧食及農業組織。

第三節　緬甸的農產品貿易概況

壹、主要農畜產品貿易概況

一、出口概況

若以單項農畜產品的出口量進行比較，見表13，緬甸2017年出口量最高前五名依序為白米、糙米、砂糖、豆類及碎米，2018年為白米、糙米、豆類、砂糖及碎米，2019年則為白米、糙米、豆類、玉米及碎米。三年間只有砂糖的出口量減少，其餘都增加；且也只有砂糖的排序跌出前五名；反之，玉米則從五名外擠進第四名。

表13　緬甸主要農畜產品出口量

單位：公噸

排序	2017		2018		2019	
	產品	出口量	產品	出口量	產品	出口量
1	白米	1,813,673	白米	1,616,758	白米	2,170,879
2	糙米	1,200,000	糙米	1,196,623	糙米	1,509,170
3	砂糖	1,138,740	豆類	1,037,714	豆類	1,097,218
4	豆類	1,085,064	砂糖	474,215	玉米	930,840
5	碎米	692,634	碎米	459,927	碎米	727,668

資料來源：聯合國糧食及農業組織。

出口值方面見表14，緬甸2017年出口值最高前五名依序為白米、糙米、豆類、砂糖及玉米，2018年為白米、糙米、豆類、砂糖及蔗糖，2019年則為白米、豆類、糙米、香蕉及芝麻。2017年出口值最高的前五名，三年間出口值均減少，且只有白米、糙米及豆類仍高居前三名，香蕉及芝麻則分別擠進四、五名。

　　整體而言，三年來前五名的出口值均減少。但是，白米、糙米及豆類出口值均高居前三名，可見緬甸政府積極透過爭取米類及豆類出口，增加創匯效益。

表 14　緬甸主要農畜產品出口值

單位：1,000 美元

排序	2017		2018		2019	
	產品	出口值	產品	出口值	產品	出口值
1	白米	1,030,824	白米	921,754	白米	782,429
2	糙米	813,367	糙米	718,277	豆類	764,367
3	豆類	764,932	豆類	568,727	糙米	559,505
4	砂糖	650,000	砂糖	502,672	香蕉	396,519
5	玉米	304,901	蔗糖	269,979	芝麻	244,344

資料來源：聯合國糧食及農業組織。

二、進口概況

　　個別農畜產品進口量方面如表 15 所示，2017 年進口量最高前五名依序為砂糖、棕櫚油、小麥、大麥啤酒及豆餅，2018 年為砂糖、棕櫚油、小麥、馬鈴薯碎渣及大麥啤酒，2019 年則為小麥、豆瓣醬、豆餅、馬鈴薯碎渣及大麥啤酒。

　　三年間原來進口量前五名中，只有大麥啤酒及豆餅增加，其餘都減少；原來前兩名的砂糖及棕櫚油甚至掉出前五名，反而小麥、大麥啤酒及豆餅都能維持在五名內，小麥進口量排名甚至竄升至第一。整體而言，三年來前三名的進口量大幅減少。

表 15　緬甸主要農畜產品進口量

單位：公噸

排序	2017		2018		2019	
	產品	產量	產品	產量	產品	產量
1	砂糖	1,537,140	砂糖	1,313,546	小麥	436,662
2	棕櫚油	854,633	棕櫚油	835,585	豆瓣醬	379,791
3	小麥	495,728	小麥	355,841	豆餅	163,835
4	大麥啤酒	127,552	馬鈴薯碎渣	144,343	馬鈴薯碎渣	142,868
5	豆餅	125,281	大麥啤酒	132,430	大麥啤酒	137,209

資料來源：聯合國糧食及農業組織。

　　進口值方面如表 16 所示，2017 年進口值最高前五名依序為砂糖、棕櫚油、小麥、大麥啤酒及乾豌豆，2018 年為棕櫚油、砂糖、小麥、馬鈴薯碎渣及大麥啤酒，2019 年則為小麥、大麥啤酒、棕櫚油、豆餅及砂糖。

表 16　緬甸主要農畜產品進口值

單位：1,000 美元

排序	2017		2018		2019	
	產品	進口值	產品	進口值	產品	進口值
1	砂糖	846,248	棕櫚油	645,324	小麥	130,413
2	棕櫚油	688,649	砂糖	579,507	大麥啤酒	88,374
3	小麥	117,998	小麥	104,552	棕櫚油	84,857
4	大麥啤酒	88,339	馬鈴薯碎渣	59,983	豆餅	64,636
5	乾豌豆	49,291	大麥啤酒	55,707	砂糖	56,694

資料來源：聯合國糧食及農業組織。

　　三年間進口值前五名的產品互有變動，原來前五名中只有第五名的

乾豌豆掉出排名，其餘都仍在榜內；原來不在前五名的豆餅則在 2019年擠到第四名。

三年間，原進口值前五名中，前兩名的砂糖及棕櫚油進口值都大幅減少，砂糖由 8.46 億美元減至 0.57 億美元，棕櫚油由 6.89 億美元減至 0.85 億美元；只有小麥的進口值有一成以上的增加。

貳、林產貿易概況

緬甸林業資源豐富，2018 年森林面積達 29 萬 1,233 平方公里，占陸地面積比率 44.61%。近十年緬甸林產品出口值呈現先增後減的趨勢，最高為 2013 年的 16.38 億美元，最低為 2019 年的 2.8 億美元，尚不及最高時的五分之一。主要係因新政府自 2014 年 4 月 1 日起，禁止原木直接出口，試圖藉由規定相關業者須對原木做加工製作、提高附加價值，進而帶動產業升級，卻也嚴重打擊木業出口的實績。（經濟部投資業務處，2020）進口值則是逐年遞增至 2018 年的 3.27 億美元，2019年稍減為 2.76 億美元，十年間約成長五倍，如表 17 所示。

以出口值減進口值後的貿易出超情形而言，緬甸林產品出超亦是呈現先增後減的趨勢，最高為 2013 年的 15.17 億美元，最低的 2018 年甚至已轉為入超 0.37 億美元。

表 17　緬甸林產進出口值

單位：1,000 美元

年度	出口值	進口值	出超值
2010	959,247	46,278	912,969
2011	1,134,043	81,588	1,052,455
2012	1,204,691	119,555	1,085,136
2013	1,637,712	120,731	1,516,981
2014	1,504,673	203,254	1,301,419

年度	出口值	進口值	出超值
2015	457,615	209,905	247,710
2016	490,842	220,498	270,344
2017	291,488	286,278	5,210
2018	289,647	326,911	-37,264
2019	279,619	275,621	3,998

資料來源：聯合國糧食及農業組織。

參考文獻

1. 經濟部投資業務處（2020），緬甸投資環境簡介。

2. 世界銀行（The World Bank），https://databank.worldbank.org/reports.aspx?source=2&country=MMR。

3. 聯合國糧食及農業組織（FAO），http://www.fao.org/faostat/en/#country/28。

4. Knoema (2021), Agriculture Value Added per Worker in Constant Prices of 2010, 2021.8.30, https://knoema.com/atlas/ranks/Agriculture-value-added-per-worker.

Chapter *7*

緬甸的國土開發、環境保護、交通及物流

林信州[*]

[*] 日本京都大學衛生工學博士，現任環球科技大學生物技術系副教授。

第一節　緬甸的國土開發

　　緬甸聯邦共和國（通稱緬甸），位於中南半島西部，西北鄰印度和孟加拉國，東北靠中華人民共和國，東南接泰國與寮國，南臨安達曼海，西南瀕孟加拉灣，海岸線總長 2,832 公里，占國境線總長約二分之一。國土面積約 67.65 萬平方公里，是世界上第 40 大國家、東南亞第二大國。人口約 5,567 萬，世界排名第 25 位。雖名為聯邦共和國，但實為單一制的國家。緬甸於 1997 年 7 月 23 日加入東協，相較於東協其他成員國，緬甸的經濟與社會發展程度明顯趨於落後，主要原因是自 1962 年以來，緬甸軍人政府幾乎斷絕與國際社會的交往互動，既未能藉助外資的引進來累積國家資本，改善民眾生活，亦未能敞開國門引進自由民主，活化社會風氣，其結果是促使緬甸淪為世界窮國的行列。2005 年 11 月 7 日，因戰略思維，緬甸政府宣布首都由仰光遷都至奈比都。奈比都在緬甸語的意思是「國王住處」，原為寬闊的大片田野，2002 年開始經歷 10 年建造完成，號稱緬甸第三大城市。但西方媒體直稱，奈比都是「統治階級紀念碑」，分析認為軍政府興建新首都的目的，是為了有個可以防範大型示威或進犯行為的地方。（維基百科，2021 年 5 月 11 日）

　　緬甸在 2010 年翁山蘇姬被釋放後，歐美國家自 2013 年起，陸續解除制裁，當地的《公司法》、《投資法》等亦逐步調整走向開放之路，施行經濟改革、放寬投資、稅改等政策，對外資釋出善意並積極引入，開發基礎建設及工商業，促使經濟快速成長。依據世界銀行統計，緬甸自 2011 年至 2017 年的經濟成長，平均高達 7%；2019-2020 年度緬甸原規劃經濟成長率為 7%，因受到新冠肺炎疫情衝擊經濟成長率下調至 4.3%，為東亞太平洋發展中國家內相對高國家之一。（行政院公共工程委員會，2019）

壹、仰光省的工業區與經濟特區

　　緬甸位於中國、印度之間的戰略地位；人口結構有 65% 在四十歲以下，提供大量勞動人口及不到臺灣十分之一的時薪（最低時薪 12 元新臺幣）；加之緬甸也是東南亞唯一受惠歐美國家「普遍優惠關稅制」（GSP）的國家，讓緬甸較其他國家多出競爭優勢，依靠外資的湧入，逐漸琢磨成形。緬甸工業產值約占國民生產總額的 20%，聘雇總勞動人口的 10%，主要工業產值的來源為石油和天然氣開採，也是外資投資緬甸的重點項目。製造業則著眼於緬甸重新與國際接軌、存在具規模的內需市場，以及具有競爭力的勞動工資等機會和優勢。緬甸政府 2014 年初通過特別經濟區（SEZ）法，特別經濟區內允許 100% 外國企業獨資經營製造加工，就特定產業給予 5-7 年免稅優惠，也開放外國人使用特別經濟區內所持有土地 50 年，有需要還得展延兩次，每次得展延 10 年等。（行政院公共工程委員會，2019）

　　依據中華民國對外貿易發展協會評估並提議有關緬甸在東南亞的 SWOT 分析，詳如表 1 所示。（葉人誠，2017）

表 1　緬甸在東南亞的 SWOT 分析

優勢（Strength）	弱點（Weak）
1. 區域戰略位置	1. 國內種族衝突
2. 天然資源（土地、礦產、能源）	2. 金融工具與系統
3. 適中的市場大小	3. 基礎建設嚴重不足
4. 成長的空間	4. 缺乏專業經驗與技術
機會（Opportunity）	**威脅（Threat）**
1. 勞動價格	1. 來自國際市場的競爭
2. 足夠的內需市場	2. 投資保障的疑慮
3. 中、美等大國的資源	3. 進入門檻障礙偏高
4. 新商業模式的高接受度	4. 政治穩定度與透明度

資料來源：中華民國對外貿易發展協會。

　　緬甸為鼓勵民營製造業，並培育產業集群，於 1990 年代首次設立工業區，藉以於全國各地建立生產基地，在諸多努力之下，工業區的數量逐年增加。仰光是緬甸前首都，也是緬甸最大的都會中心，與其他地區相比，交通更為方便，基建設施亦較完善，包括國際機場，以及多個處理貨物貿易的港口。因此，緬甸大部分勞動密集的出口導向型產業都集中在仰光省。隨著開放政策的啟動，仰光已成為外國資源爭相投入的熱點，經濟重心與外國投資集中的區域，但是 700 萬餘人口的仰光省境內的金融、電力、基礎設備等多種產業仍亟須升級。這些專門以民營製造業為對象的工業區，依據其管理辦法及服務標準，由投資者、政府官員及／或相關公共機構代表為成員設置的委員會負責日常管理工作，其中多個工業區已提升其設施，包括建設電力分站、安裝後備發電機及廢水處理設施等。在交通運輸方面，若要配合快速的產業發展，仰光省現有的陸上運輸與水上運輸條件，仍然亟待改善，其中包含陸上運輸相關的道路鋪裝狀況欠佳、道路排水能力差、道路照明不足等；水上運輸（仰光港）相關的河流較淺、碼頭水深不足、基礎建設落後、貨物裝卸效率等。因此，部分製造業廠商寧願使用地理位置較差，卻能提供符合國際標準服務、可靠泊載貨量超過 1,000 個標準貨櫃的較大型貨櫃船的迪拉瓦國際碼頭。有鑒於此，緬甸政府積極引進外資，並極力促成規劃符合國際水準的工業區與經濟特區，企圖藉此提升產業發展、接軌國際。以下列舉仰光省主要工業區與經濟特區之開發概況。（RESEARCH 經貿研究，2016）

一、符合國際標準的明格拉洞工業區

　　明格拉洞工業區，於 1990 年代末由緬甸政府與日本民營公司組成的合資企業共同經營，吸引外商投資，是緬甸第一個在公用設施及交通基建方面已經達到國際標準的工業區。仰光高速公路，獲緬甸政府提供官方發展援助，並由韓緬合資企業興建，大大改善來往明格拉洞工業區

的交通。依據香港貿發局研究部實地考察發現，明格拉洞工業區內及周圍的道路保養比其他工業區好，而且規模（千人以上）也比其他工業區大。

明格拉洞工業區具有優越的地理位置及設施，已完全長期出租，訂定有回購、終止租約機制，並且對轉租較靈活處理，承租者（含大型外資製造商與中小型廠商）在組織生產活動和控制現金流方面有更大的回旋空間。目前，外資來自中國內地、香港、日本及韓國，主要經營紡織服裝、食品、電器及電子產品、機械及配件、塑膠、皮革、製藥等行業。

二、仰光最大的蘭達雅工業區

建立於 1995 年的蘭達雅工業區是仰光最大的工業區，幾乎所有地段皆已開發。外資來自中國大陸與韓國為最大宗，主要產業有穀物、盥洗用品、食品、服裝及建築材料，投資紡織產業的臺灣企業多集中於蘭達雅工業區。2021 年緬甸軍政府發動政變，示威衝突事件頻發，也波及蘭達雅工業區的外資廠商。

三、迪洛瓦經濟特區

迪洛瓦經濟特區的總開發面積達 2,400 公頃，擁有靠近仰光市中心的地利，比其他主要經濟特區（土瓦經濟特區、皎漂經濟特區）建設發展還快。外資大多來自新加坡、日本、中國內地、泰國、香港及臺灣，主要從事服裝、食品飲料和建築材料等輕工業。在交通基礎建設方面，緬甸積極推動連接迪洛瓦經濟特區和勃固省的高速公路工程，高速公路竣工後，將會緩解仰光市區擁擠的交通，縮短路程，加快物流，節省時間。在沿路城市上的經濟、教育、社會、健康等將得以快速發展，帶動沿路的經濟帶與工業區。迪洛瓦位在仰光河出海口，擁有現成港口，日

本試圖推動迪洛瓦經濟特區與整個大仰光都會區做整合與連結，以利在緬甸與東協經濟上扮演更為重要的角色，將是緬甸經濟發展的重要指標之一。2013 年 5 月 25 日，緬甸九家股份公司聯合體與日本財團（三菱、丸紅、住友）在仰光簽署合作開發緬甸迪洛瓦經濟特區的合作備忘錄，當時的日本首相安倍晉三也出席了合作備忘錄簽字儀式並發表談話表示支持緬甸的經濟發展，緬日合作開發迪洛瓦經濟特區，將可提升當地產業技術和增加工作機會。

貳、外國矚目的其他工業區與經濟特區

近年日本、韓國、泰國、新加坡四國更積極地規劃與緬甸共同推動工業區建設工程，包含日本、泰國及緬甸共同投資開發（含深海港口、高速公路）土瓦經濟特區，有望成為東南亞最大的經濟特區，將比仰光的迪拉瓦經濟特區大 8 倍，比若開邦的皎漂經濟特區大 10 倍以上；韓國與緬甸於仰光省 Hlegu 鎮建設韓國—緬甸工業園區，可提供數十萬個就業機會；泰國與緬甸於仰光省合作開發 AMATA 智慧及生態城市作為現代工業中心，有望創造 33,000 個就業機會、吸引外國投資並促進仰光的工業產值與出口；新加坡與緬甸於仰光省 Hlegu 鎮建設緬甸—新加坡工業園區，重點發展食品工業等。外國的資源、技術等持續地投入緬甸開發規劃，增加了經濟發展的機會，當然也改變了產業活動結構，改變了社會（生活）模式，更衍生了環境問題。（引領國際顧問有限公司，2020）

第二節 緬甸的環境保護

2012 年 3 月 30 日緬甸正式頒布《環境保護法》，相關法律條例、程式等未臻完善透明，導致緬甸自行開發及外國投資或合作開發過程的

不完善，造成環境與生態的影響，引起國際間及環保組織的關心與憂慮。

臺灣的執政黨與臺灣環境保護聯盟舉辦「2017 亞洲民主論壇——環境、能源與永續發展」，邀請來自日本、南韓、馬來西亞、越南、菲律賓、印尼、泰國、緬甸和柬埔寨等 10 個國家、19 個不同領域的環境 NGO 團體、智庫與學者，討論包括再生能源、氣候變遷、反水壩等各類環境議題。「新南向 18 國」當中，中南半島上的緬甸，因森林等珍貴資源而受英國殖民，也因殖民歷史而擁有完善的林木管理系統，不過，來自緬甸的代表指出，除了政治因素，東南亞國家普遍缺乏環保法規的執行力，讓環境惡化速度有增無減。緬甸重要的經濟收入之一的森林資源豐富，在英國殖民期間建立了一套以永續發展為基礎的科學化森林管理系統，沿用至 1970 年代中期。1995 年起，每年的實際砍伐量開始高出年度允許砍伐量，且連年攀升，全境森林覆蓋率從 1975 年開始逐年下降。緬甸亞洲發展研究所表示，森林不當砍伐帶來的水土流失，導致近幾年頻頻遭受水旱災夾擊，例如當地的茵麗湖坐落於群山環繞的丘陵地帶，在 2010 年的夏季因乾旱而近乎乾涸；森林流失也讓緬甸暴露於氣候變遷災害風險。在各種不同的因素中，造成嚴重森林砍伐的根本原因，包括強權大國幾十年來的經濟制裁、森林資源的不良管理（例如，燒墾輪作導致糧食生產效率降低、土壤劣化、二氧化碳大量排放、間接衍生霾害等）、森林地區的武裝衝突及錯綜複雜的中國因素（例如，走私柚木換取收入）等。（環境資訊中心，2017）

壹、「一帶一路」緬甸公路建設的環境風險

世界自然基金會報告指出，中緬合作擬建兩條高速公路（東西公路走廊及南北公路走廊），跨越了緬甸的重要河流和森林生態系統，這兩條公路也是中國「一帶一路」（跨洲海外基礎設施網絡）倡議下孟中緬

經濟走廊的一部分。公路途經地區在提供清潔水源、防洪和防滑坡等方面具有重要作用，緬甸的環境保護法律條例尚未完善和透明，如果不能充分考慮以及評估相關生態風險，將可能讓沿線地區的環境遭到破壞，恐不足以防止因公路建設給森林植被、用水管理和沿途周邊居民的生計帶來的負面影響。可能影響的範圍，包含森林、農業、山坡地等。公路建設將深入未曾開發的地區，足以影響具有蓄、排水功能的森林地區的水資源的質與量。因森林砍伐喪失水土保持作用，導致滑坡和洪水，並造成寶貴的稻田鹽鹼化；天然森林廊道的消失，分割或剝奪了野生動物棲地，影響了生態過程的正常運轉。緬甸於 2015 年 12 月頒布「環境影響評估程式」，對大型開發建設進行策略性環境影響評估，但是對於開發投資者的規範有限，環境影響評估缺乏透明度與公布，且缺乏法律依據的揭示和徵詢意見。緬甸未能嚴格要求投資或合作方在開發建設階段，對於環境與生態儘量優先採取避免或減少影響，其次緩解，再其次是恢復或修復，最後是補償的順序。目前緬甸政府環境治理能力有限，並且緬甸的法律也未達到國際機構制定的、可供各國參照的標準，在短時間內可能無法改變現況。（中外對話，2018）

許多專家認為，解決的方法在於環境相關法令、程式等的完整與落實執行，避免重複過去很多經濟大國只重視經濟成本與收益的錯誤經驗。

貳、不應是無煙囪工業的觀光產業

緬甸自開放政策實施後，吸引眾多的國際觀光客。以往，觀光產業大多被認為是無煙囪工業，被認為是無汙染的商機，有助於經濟發展。殊不知觀光產業涵蓋了食、衣、住、行、育、樂等相關產業，觀光活動的過程中，包含因應而生的土地開發（道路、橋梁、住宿、餐廳、商店等）、商業化產品的生產過程、能（資）源的過度利用與浪費、環境承

載、旅遊活動衍生的產業結構與消費模式的改變等，為了配合觀光之需求，各種軟、硬體設施可能對當地自然環境與生態造成嚴重衝擊。觀光活動的環境成本，往往被排除在觀光產業成本之外，難以反映生產和消費過程的總社會成本，並導致生態系統之嚴重損害，再再的說明觀光產業不是無煙囪工業。以緬甸撣邦的茵麗湖為例，由於國內外觀光客增加，隨之而增加的民生廢水排入茵麗湖，且周邊種植經濟作物，造成湖水嚴重優養化，嚴重影響與茵麗湖直接相關之經濟活動。然而，對於緬甸低所得國家民眾而言，觀光所伴隨而來之相對豐厚的收益，往往選擇犧牲環境保育為代價。（于蕙清、于仁壽，2004）

參、生態旅遊考驗緬甸淨土

緬甸長期軍事政權統治近乎與世隔絕，保有廣大的荒野，無人探索、開發，擁有秀麗的原始風貌，從長滿紅樹林的河口三角洲到覆雪的連綿山脈，擁有八種生態系，鳥種超過 1,000 種，哺乳類多達 250 種。隨著軍事政權放鬆管制，豐富的資源（木材、礦產、石油等）展現可觀的商業潛力，逐漸浮現環境與生態危機。在緬甸積極發展經濟、邁向現代化過程，若要確保或減少影響自然環境與野生動植物，須從經濟、社會及環境面向說服相關的利害相關者，推展保護自然環境與野生動植物的價值。保育專家認為，以環境能夠負荷且經營者能夠負起責任的生態旅遊方式運作，教導當地居民和遊客了解保護自然環境與野生動植物的重要性，不僅環境與生態（生物多樣性）得以保護，提供當地居民就業機會，文化傳統得以交流、傳承，也能獲取經濟的回饋，例如歐盟的調查估計，緬甸的陸域和水域森林生態系每年可能帶來數十億美元的收益。然而，政治情勢動盪、經濟條件困頓、基礎建設不足等因素，則可能導致旅遊（地）吸引力的強度、保護環境的意願、放棄開發天然資源的誘惑等不確定性。不過，可以確定的是，必須加速制定完善的保護環

境與生態的政策、目標、行動方案等，杜絕或降低毀壞，方能守護這座伊甸園。（科學人雜誌，2016）

肆、《工業區法》防止土地投機及落實環保規定

緬甸國會批准關於工業區管理最新法律，賦予監管機構懲罰（罰款、撤銷許可、刑責等）汙染者和土地投機者的權力。法律專家表示，2020 年 5 月 26 日頒布的《工業區法》旨在解決普遍存在的土地投機問題，改善全國工業區的土地有效管理，禁止投資者出於投機目的占用工業區土地，且開發商必須在期限內提交開發計畫和完成日期。工業區法同時訂定有實施汙染控制管理和適當廢物處理的法律責任。依據 2012 年《環境保護法》的區域環境影響評估之規範，投資者須有能力處理用水、碳排放和其他環保相關問題。緬甸政府推行《工業區法》，擬藉由打擊土地投機，恢復依法正常使用工業用地；透過確保獲得更明確的土地使用權，降低工業區用地使用成本，創造更具競爭力的環境。（經濟部／駐緬甸臺北經濟文化辦事處，2020）

第三節　緬甸的交通、物流、水、電力及天然資源開發

壹、交通與物流

在緬甸，私人汽車、出租車、公共汽車及卡車是現今作為人員移動及搬運作業的主要交通工具。但是，相關類別車輛所使用的道路，仍有許多屬於未規劃完整的道路。因此，路面凹凸不平、鋪裝簡陋、鋪裝材料剝落等現象層出不窮，甚而導致車輛翻覆的事故頻發。緬甸乘用汽車普及的時間不長，遵守交通規範的觀念欠佳，例如突然切入、緊急剎車、強行左右轉、車間橫向距離過近等劣質舉動，也是造成事故死亡人

數居高不下的原因之一。依據日本媒體報導，緬甸的車輛數量是日本的百分之一，但是，因為交通事故死亡的人數是日本的 1.1 倍左右。因此，在緬甸道路交通發展過程中，除須完善基礎設施的建置與後續的養護管理之外，道路交通規範的訂定與執行、使用者的守法觀念養成等，均是促進車輛行駛安全、人身安全及與其相關的社會、經濟、文化等活動能夠順暢進行，亟須完整規劃的相關措施。緬甸政府為加強發展公路運輸業，積極實施省級公路網和橫跨東西的大型道路交通改造和建設，並透過國際合作為國內公路建設搭建平臺。目前，與其他國家合作的公路建設計畫主要有：與泰國、寮國、中國、印度和孟加拉相連接的亞洲公路；與東協國家相連接的東協公路；湄公河地區的東西經濟走廊和南北經濟走廊建設；與孟加拉、斯里蘭卡、泰國的連接公路；印度、緬甸和泰國三國合作建設的公路；與印度合作修築的公路；通往印緬邊境的邊境公路和河道改造工程等。（中國—東盟礦業資訊服務平臺，2018）

鐵路交通方面，以仰光的環狀鐵路為例，全長約 46 公里，設置有 38 處車站，使用由日本捐贈的中古柴油車輛行駛，車輛老舊，再加上鐵軌彎曲變形，每小時行駛速度無法超過 15 公里。雖然在與日本的合作下，進行了鐵路維修，但是由於鐵軌沿線極近處就布滿了攤販、商店等，致使無法提升行駛速度。另外，由於經常發生車輛故障而停駛的情形，儘管設定大約每小時 4 班車次的時刻表，也經常無法準時運作。即使目前在與日本的合作下，積極努力改善中，似乎需要再更長的時間，才能達到預計的成效。緬甸的第一條鐵路（仰光—卑繆）建成於 1877 年，全長 262.3 公里。在英國殖民統治時期，緬甸境內已有鐵路的出現，主要集中在仰光、勃固等省。第二次世界大戰前，英國陸續在緬甸修建鐵路，以便取得緬甸的資源。緬甸獨立以後鐵路歸國有，在發展上舉步維艱，且 1988-2000 年間，鐵路的發展幾乎呈停滯狀態。直到二十一世紀，隨著國外對緬甸投資的大幅度增加，開始促進鐵路相關規劃及其軟硬體設施設備的活躍發展，邁向高速發展的時期。目前，在緬

甸的 14 個省和邦中，有 11 個省、邦境內分布有鐵路，鐵路路線所及範圍十分廣闊，但在各個地區的發展並不均衡。（中國—東盟礦業資訊服務平臺，2018）

航空運輸方面，緬甸境內除了德林達依和欽邦之外，其餘 12 個省分都擁有自己的機場。主要的機場，包含仰光機場、曼德勒機場、奈比都機場、蒲甘機場、石兌機場、皎漂機場、毛淡棉機場、土瓦機場和仙道衛機場等。目前，緬甸國內主要有緬甸航空、緬甸國際航空、曼德勒航空、蒲甘航空及仰光航空公司，其中，蒲甘航空擁有緬甸最多國內、國際航線。此外，國際上已有 12 家航空公司開通了飛往緬甸的國際航班。（中國—東盟礦業資訊服務平臺，2018）

水路運輸方面，緬甸河流眾多，可通航的內河航線長達 8,000 多公里，在國內交通運輸上，發揮重要的作用。最重要的兩條大河伊洛瓦底江和薩爾溫江，幾乎橫穿緬甸全境，尤其是伊洛瓦底江流域面積占達緬甸總面積的三分之二，伊洛瓦底江三角洲又與遼闊的安達曼海相接，沿海港口眾多，海運條件良好。（中國—東盟礦業資訊服務平臺，2018）

物流方面，亞洲公路將是一個重要的關鍵。緬甸邊境連結了世界上人口最多的中國、世界第二多人口的印度、發展迅速的泰國等，實際上是亞洲最好的地區。臺灣外貿協會表示，緬甸被喻為「下一個越南」及「東南亞最後的處女地」，國土連結泰國、越南、印度及中國等國、南臨印度洋出海口，緬甸的地理位置，締造其成為亞洲區域貿易樞紐及運輸中轉站的優越條件。自 2015 年開放外資進入後，緬甸積極開發及推展經濟特區（SEZ），吸引外資前撲後繼湧入，商業及工業的發展帶動了經濟成長，也帶起物流、倉儲、運輸等的迫切需求。如果，緬甸可以成為出口國，則可以將其出口產品直接運送到鄰近的國家。此外，南臨馬六甲海峽，藉此可以作為前往西方的大型船隻的中轉站，具有非常重要的地緣政治地區的條件。看準緬甸未來的投資前景，外國企業積極與當地企業合資經營緬甸區域物流商機，未來將提供空運服務、推出海

運、陸運及倉儲等多方面物流方案，同時也看準緬甸在東協市場中的地理位置優勢，連結緬甸境內主要工業區與經濟特區的發展，預計緬甸將成為以泰國為首的區域供應鏈中不可或缺的一環。（中央社，2019）

貳、水資源開發

緬甸副總統 U Henry Van Thio 表示，「儘管有充足的水資源，但緬甸依然面臨著供水不足的難題」。環保人士亦提出警示，呼籲緬甸政府應該更加重視解決水資源短缺問題。根據緬甸官方紀錄，2016 年緬甸有 860 個村莊遭遇水資源短缺，2018 年有 527 個村莊面臨缺水危機，主要原因則歸咎於聖嬰現象。（東博社，2019）

許多住在緬甸乾旱區沒有田產的人，多仰賴農場的季節性工作維生，並在農閒時到城市附近當臨時工，長期的貧窮常常和旱災與氣候變遷息息相關。國際間亦展開救援活動，例如聯合國永續發展計畫（UNDP）試圖保護緬甸乾旱區 5 個極度脆弱的城鎮的水資源並且減少糧食危機。（芥助網，2018）

緬甸的水資源蘊藏豐富，但是由於降雨季節分布不均、缺乏替代水源等問題，仍有供水及用水隱憂。緬甸的水系流域散落，有大大小小的湖泊、埤、塘，滋養著黃金國度的大地，是擁有豐厚上天恩賜的水資源極為豐富的國家。根據緬甸農業暨灌溉水資源利用部資料顯示，全緬甸年均地表水的總量達 11 兆立方公尺，地下水的蘊藏量也接近 5,000 億立方公尺，水資源十分豐沛。緬甸政府表示，當地目前僅有 5% 的水資源被開發利用，發展潛力雄厚。（仰光台貿中心，2016）

緬甸擁有豐富的水資源，然而由於經濟水準和技術條件的限制，水資源開發程度偏低，連帶影響社會經濟的發展。另也有分析指出，除了自然因素，導致緬甸水資源缺乏的另一個更重要的原因是基礎供水設施、大型水利建設不夠完善等基礎建設的薄弱所導致。緬甸民選政府執

政以後，更加著重可持續性的水資源開發，逐漸形成綜合水資源管理思考模式，伴隨對外合作環境的好轉，緬甸政府也擴大水資源領域對外開放合作開發的程度。緬甸駐外單位積極尋求國外資源，爭取合作機會與意願，例如合作增設淨水處理設備及下游管線供水相關基礎工程計畫。近年仰光公共建設也擴大增加國際合作開發，吸引日本、泰國、法國、丹麥等多國相關廠商進駐投資自來水系統、污水處理及水力發電等事業。（2021 年緬甸國際水工程大展）

　　西方國家競相加強與緬甸的水資源合作，國境鄰接的中國更是企圖藉由中緬合作作為中國向西南開放的重要節點，在「一帶一路」倡議下，中緬水資源合作確實也為雙方帶來諸多利基，預期促使在民生、海洋經濟等領域做出更大合作績效。但是，中國在湄公河上游大肆興建水壩，被指控攔阻主要水源，導致中南半島國家（緬甸、泰國、寮國、柬埔寨與越南）水資源匱乏（乾旱）、水域生態損害等，直接影響這些國家的農業、漁業以及水力發電的發展，已引起國際諸多關切（The News Lens 關鍵評論，2020）。例如，密松水庫工程興建計畫，從 2000 年開始籌劃到 2011 年宣布停建期間，因為開發計畫被質疑存在著民族軍（緬甸政府軍與克欽獨立軍）對立、利益分配不均、環境與生態保護問題、安全性問題、生產與民生等問題，而且開發完成後，水力發電總發電量的 90% 輸往中國等因素，引起當地人民反對，導致後續的大規模抗爭事件，促使 2011 年緬甸政府中止原為中國主導下進行開發的密松水庫工程興建計畫（維基百科，2018 年 1 月 7 日）。翁山蘇姬執政後，密松水庫興建案的重啟與否，也成為關鍵國家（例如中國、西方國家等）最新的角力場。

參、電力開發

「提高電力供應」一直以來，都是緬甸的「國家全面發展計畫」目標之一。緬甸電價長期偏低，電廠生產 1 千瓦時平均成本約 91.92 緬幣，政府收取電費平均僅 69.26 緬幣，差額 22.66 緬幣均由政府補貼，每年虧損 3,330 億緬幣左右。緬甸電力暨能源部（MOEE）於 2019 年 7 月 1 日調整電費，除最低家庭用電基準不變外，其餘家庭及工商用電均以倍數大幅調漲。目前緬甸全境僅 50% 的家庭獲得電力，上調電費可解決虧損問題，政府有更多資金投入電力基礎設施建設，有利於緬甸長遠發展。緬甸電力能源部部長 Thura Aung Ko 表示，截至 2020 年 4 月為止，全國有 489 個城鎮透過國家電網供電，而其他城鎮透過分散小型電網供電，發電類型包括小型水力發電、太陽能、柴油和稻殼動力發電機發電。依據緬甸電力暨能源部統計，緬甸發電量近年逐年成長，惟仍不及電力需求成長之速度，電力需求每年成長幅度已由原預估之 15% 增加至 19%，每人平均耗電量自 2010 年的 108 千瓦時，增加到 2019 年的 379 千瓦時，之後仍逐漸增加，反映生活水準逐漸提高，相當於每年增加 300 至 500 兆瓦，倘不加快開發電源，缺電情勢將更為嚴重。緬甸電力暨能源部表示，緬甸是東南亞地區電力覆蓋率最低的國家，主要是因為低收入水準和落後的基礎設施，限制了電力覆蓋區域。（經濟部／緬甸駐臺北經濟文化辦事處，2019）

依據亞銀（ADB）發表之報告，緬甸現有水力發電、火力發電及天然氣發電，總裝機容量達 5,068 兆瓦，惟實際發電量約為 3,100 至 3,800 兆瓦之間，按目前電力使用情形（仰光、曼德勒、奈比都及其他地區總計約需要 3,650 兆瓦），電力供應相當吃緊。依照日本國際協力機構（JICA）預估，在亞銀（ADB）協助下，緬甸於 2014 年提出國家電力總體規劃，電力總裝機容量至 2030 年將提高至 28,784 兆瓦。緬甸政府雖然以發展水力發電為首要目標，惟為能在短期提高供電量，已與

德國、法國、中國及泰國等外資簽訂興建天然氣發電廠的合作協議，預計在 2021 年可增加供電量 3,000 兆瓦，以解決急迫之電荒問題。（投資臺灣入口網，2021）

緬甸日照充足，太陽能將可作爲重要發電資源之一。根據緬甸國家可再生能源委員會表示，電力暨能源部正在實施 29 個太陽能發電計畫，預計裝機容量爲 1,030 兆瓦，可在 2021 年年中開始發電運作。在完成正在進行的太陽能發電計畫後，緬甸發電的能源結構中，將有 40% 來自水力，14% 來自太陽能，3% 來自國內天然氣，11% 來自液化天然氣，1% 來自其他來源。當裝機容量達到 8,118 兆瓦時，可再生能源發電將占 54%，清潔燃料發電將占 45%。緬甸已經達成國際可再生能源政策的要求，並超出東協在可再生能源方面的預期。緬甸的電氣化率已達到 58% 以上，可再生能源將爲緬甸 75% 的電力覆蓋率作出重大貢獻，並努力將二氧化碳排放量從目前的 2.97 億噸減少到 2030 年的 1.44 億噸。另外，農村發展局在偏遠及農村地區推動並建立太陽能微型電網及太陽能家庭系統，將提高緬甸 5% 的電氣化率。（經濟部／駐緬甸臺北經濟文化辦事處，2021）

肆、天然資源開發

緬甸擁有豐富的天然礦產資源，及豐富的石油與天然氣，主要分布在緬甸中央盆地的伊洛瓦底江沿岸，以及緬甸沿海的大陸棚地區。礦產資源主要有錫、鎢、鋅、鋁、銻、錳、金、銀、銅、大理石、石灰石等，寶石和玉石在世界上享有盛譽，其中緬甸玉（又稱翡翠）在市場最具知名度。緬甸主要出口產品有天然氣、成衣、木材、魚及其製品、稻米、生橡膠、豆類、寶石，出口國家包括泰國、中國、印度、日本、新加坡、韓國、馬來西亞、印尼、德國、菲律賓。另，森林資源豐富，森林覆蓋率占國土總面積的 52.28%，盛產柚木等硬木，占世界現存柚木的 75%。水力資源豐富，伊洛瓦底江、欽敦江、薩爾溫江及錫唐河四

大水系縱貫南北，水利待開發，所灌溉之三角洲，農產豐富。（理財網財經知識庫）

　　緬甸是東南亞油氣儲量最豐富的國家之一，排名在世界第十位左右，至今仍有大量資源尚未被開發，因此，世界各地的能源巨頭紛紛加入競逐緬甸天然資源的開採權。緬甸政府的石油與天然氣項目管理司表示，近海石油與天然氣共計51區塊中，包含若開沿海、馬達班近海、德琳達依沿海等有26塊淺水區塊和25塊深水區塊，深水區塊還需要很大的投資。（緬甸中文網，2018）

　　目前，緬甸能源領域最大的投資方就是中國和泰國；2013年中國石油集團（中石油）完成了中緬油氣管道的建設，中國不須通過馬六甲海峽進口石油和天然氣，從而節省時間和成本，重要的是保障能源供應，即使馬六甲海峽在危機狀態下被封鎖也不受影響；自1998年通過耶德那天然氣管道從緬甸安達曼海輸入天然氣至泰國，保障泰國四分之一的能源需求。同時，法國、澳洲等國家也都在緬甸近海區塊進行天然氣的勘探作業。（德國之聲中文網，2014）

參考文獻

1. 2021年緬甸國際水工程大展。

2. BBS NEWS（中文），2019，〈中資緬甸密松水電站是否重啟成為昂山素季面對的「中國困境」〉。

3. Myanmar Times，2020，〈緬甸批准工業區法加強防止土地投機及落實環保規定〉。

4. RESEARCH經貿研究，2016，〈緬甸崛起的機遇：工業區和經濟特區〉。

5. The News Lens關鍵評論，2020，〈中國築壩攔水引發中南半島國家乾旱，湄公河下游出現「過去50年來最低的水平面」〉。

6. TWFIN，2019，〈坐在黃金窩上的乞丐──緬甸投資環境簡介〉。

7. 于蕙清、于仁壽，2004，〈緬甸環境議題之研究──以茵麗湖為例〉。

8. 中外對話（China Dialogue Trust），2018，〈「一帶一路」緬甸公路項目：切不可輕視環境風險〉。

9. 中央社，2019，〈首屆「緬甸國際智慧物流展」今起報名起跑 前進東協搶攻新商機〉。

10. 中國─東盟礦業信息服務平台，2018，〈緬甸交通設施〉。

11. 葉人誠，2017，〈緬甸──海外投資下一站？〉，中華民國對外貿易發展協會。

12. 引領國際顧問有限公司，2020，〈日、韓、泰、新四國正積極於緬甸推動工業區建設工程〉。

13. 仰光台貿中心，2016，〈改善用水需求 緬甸水處理商機大〉，《經貿透視雙周刊》，頁438。

14. 行政院公共工程委員會，2019，「108年度工程產業全球化專案辦公室」委託專業服務案之研析海外個案商情（地區：緬甸仰光華緬科學園區）。

15. 投資台灣入口網，〈2019年緬甸投資環境介紹──基礎建設與成本〉，緬甸。

16. 沃草，2020，〈中國不顧東南亞鄰國死活：建大壩壟斷湄公河水，引發下游國家缺水乾旱〉。

17. 東博社，2019，〈緬甸副總統道出緬甸供水真實現狀：仍是一個大難題〉。

18. 芥助網／社區力點線面／國際視野，2018，〈緬甸乾旱區的水資源〉。

19. 科學人雜誌，2016，〈生態旅遊考驗緬甸淨土〉。

20. 風傳媒，2020，〈中美最新角力場 東南亞水資源大戰！中國11座大壩攔截湄公河水 美國衛星監測大壩水位〉。

21. 風傳媒，2021，〈想讓威權獨裁長長久久，何不建立一個新首都！緬甸軍方完美示範，這些國家準備跟進〉。

22. 財團法人商業發展研究院行銷與新媒體研究所，2018，〈緬甸國家懶人包——政策促消費市場邁向穩定〉。

23. 理財網財經知識庫，緬甸。

24. 許文志，2017，〈ASEAN緬甸經貿發展現況與展望〉。

25. 報呱，2020，〈美中衝突：南中國海之外戰場——緬甸、湄公河〉。

26. 新頭殼Newtalk新聞，2020，〈不顧下游5國抗議 就是要截流湄公河 中國：堅定不移 持續推動〉。

27. 經濟部，2018，中華民國廠商海外投資叢書／緬甸投資環境簡介。

28. 經濟部／駐緬甸臺北經濟文化辦事處，2019，〈緬甸2019年底前將有50%家庭擁有電力服務〉。

29. 經濟部／駐緬甸臺北經濟文化辦事處，2021，〈緬甸29個太陽能發電廠將於2021年年中發電〉。

30. 經濟部／駐緬甸臺北經濟文化辦事處，2020，〈緬甸批准工業區法加強防止土地投機及落實環保規定〉。

31. 經濟部國際貿易局新南向政策專網——緬甸。

32. 維基百科，2018，密松水電站；2021，緬甸。

33. 德國之聲中文網，2014，〈緬甸天然資源是福還是禍？〉。

34. 緬甸中文網，2018，〈很多人不知道！緬甸這個寶貝儲量世界排名前十〉。

35. 緬甸《環境保護法》，2012。

36. 駐緬甸臺北經濟文化辦事處／經濟組，2020，〈緬甸經貿情勢〉。

37. 環境資訊中心，2017，〈環保法規中看不中用 東南亞環團：缺乏執行力是主因〉。

38. Digima~出島，2020，〈【2020年版】ミャンマーの最新ビジネス事情と経済状況〉。

Chapter 8

中國對緬甸政經轉型的影響與對策

許淑敏*

* 中國南開大學管理學博士，現任環球學校財團法人環球科技大學董事長、中華民國私立
學校文教協會理事、財團法人私立學校興學基金會董事、財團法人雲林縣文化基金會董
事。

第一節　中緬政經關係回顧

緬甸軍政府的政經困境有二：一是市場改革開放，二是民主化與人權問題；前者是經濟考量，後者是政治考量。而其中民主化問題又影響緬甸國內外的經濟策略，此時採取市場改革開放的政策比政治改革更受軍政府歡迎，緬甸的民主化已經成為緬甸政府本身不可規避的問題了（陳怡君、宋鎮照，2014）。

壹、中緬政經關係回顧

據學者（馮飛，2016）將中國和緬甸關係的發展分為四個時期，今將 2016-2020 年視為第五個時期。

中緬關係五個發展時期：(1) 緬甸議會民主制時期；(2) 奈溫軍政府和緬甸社會主義綱領執政時期；(3) 緬甸新軍人政府執政時期；(4) 緬甸民選政府上臺（2011-2016 年）；(5) 全國民主聯盟（NLD）和翁山蘇姬執政時期（2016-2020 年）。

中緬五個時期的關係：

第一個時期：中緬經濟關係發展緩慢，中國對緬投資項目較少。

第二個時期：中國逢文化大革命時期，中緬關係緊張，雙方經濟合作曾經受阻，後來兩國逐步恢復友好關係和經濟合作。

第三個時期：中緬經濟關係迅速升溫，交往更密切，範圍也逐年擴大。

第四個時期：緬甸政治經濟改革，中緬經濟合作出現一些問題，中國對緬投資一些大型項目也受阻（馮飛，2016）。

第五個時期：翁山蘇姬雖致力改善緬甸投資環境，但改革緩慢，經濟表現不佳。

一、中緬外交關係回顧

據學者（蔡裕明，2004）研究指出中緬外交，中國對於緬甸的政策主要聚焦在三個主軸：(1) 維護中緬 2,185 公里邊界的安全；(2) 推動西部開發，將緬甸作爲中國西部產品出口與資源進口的中繼站；(3) 解決中國即將到來的能源問題，把緬甸視爲新的運油線。

可見中國的緬甸政策在於使緬甸成爲中國在印度洋的出海口、東南亞與南亞之間的橋梁、作爲中國與海洋勢力間的緩衝國（buffer state）。

歐美對緬甸經濟制裁，在國際上顯見緬甸軍政府日益孤立，迫使軍政府轉向尋求中國的支持。而從政治關係、地理位置、經濟貿易等角度思考，中緬發展關係是符合各自的國家利益。就中國而言，雲南與緬甸接壤，若能和軍政府保持良好關係，不但有利雙方經貿往來，也可以爲中國的西南邊境提供一定的戰略性保障。（沈平，2007）

2011 年登盛政府暫緩中國高達 36 億美元的密松大壩案，被視爲反制中國及反映緬甸民意的具體作爲，中緬關係出現不確定狀態。緬甸調整對外關係並非要遠離中國，而是更積極推動與大國雙邊關係，改變緬甸國際形象，提升國家地位。緬甸一方面擴展與美國、日本及印度等國的對外關係，另一方面試圖降低中國的不安，避免北京認爲緬甸被納入美、印等國圍堵中國的戰略（林份靜，2017）。

2020 年 1 月習近平主席到緬甸進行國是訪問，不僅是要重啓中國在緬甸停滯不前的「一帶一路」項目，建立通向印度洋的立足點，還有意在緬甸的和平進程中發揮更大的作用，以增加其影響力。但是緬甸與美國的關係因羅興亞難民問題出現惡化，爲加強中緬雙邊關係提供可合作視窗。然而爆發「羅興亞危機」的若開邦傳出中國所支持的地方武裝叛軍和緬軍爆發衝突，也爲中緬關係埋下變數（張雅涵，2020）。

2021 年 2 月緬甸動亂，翁山蘇姬被逮捕後，國際間紛紛要求中國政府運用其影響力向緬甸軍政府施壓，希望能避免緬甸政經情況更惡

化。中國身爲緬甸最重要的貿易夥伴之一，處於進退兩難的國際政局，此時正考驗著中國領導者的智慧和態度，如何有效的平衡各種利害關係，有待觀察之。

二、中緬經貿關係回顧

1950 年緬甸與中國建交以來，中國對緬甸除提供許多無息或低利貸款外，還協助緬甸興建很多的基礎建設。尤其看到許多大型基礎建設項目（橋梁、公路、電力、水利等）大都由中國公司負責，主要的技術人員和管理層也都由中國派出。

這些大型的基礎項目中包括：從雲南興建一條長達 2,380 公里的輸油管，通往緬甸西南邊的印度洋海岸，不用繞道馬六甲海峽，將能夠協助中國把從中東和非洲進口的燃油直接輸送到中國境內，對尋找能源迫切的中國來說，緬甸是中國相對便捷、可靠與較有利的能源戰略。

1962 年以來，在軍政府的集權統治之下，致使緬甸無法進入民主化發展階段，軍政府人治的色彩相當濃厚，開放政策搖擺不定，貪汙腐敗充滿著政府部門，加上外部國際社會的經濟制裁，這些因素都使投資者卻步，也讓緬甸的經濟處於低度發展，成爲世界最窮苦的國家之一。（陳怡君、宋鎮照，2014）

1997 年緬甸加入東盟後，落實對外開放政策，並且逐漸擺脫外交困境。此時政局相對穩定，經濟可以恢復發展，爲了表現發展經濟的決心，緬甸軍政府陸續提出投資優惠政策，吸引外國資本。

1988 年緬甸軍政府廢除了《憲法》與文官政府，招致國內外嚴重抗議，國際社會對緬甸軍政府採取全面制裁，西方國家更是採用了限制或禁止投資、停止貸款等手段，對緬甸實施經濟上的制裁。國際間的這些舉措使得當時緬甸的情況雪上加霜，經濟發展停滯甚至倒退。

2011 年緬甸民政府上臺後，以民生和環保等理由終止了中國在緬

投資的萊比塘銅礦項目和密松水電站建設項目，因此，在新的政治形勢下，可見緬甸政治經濟轉型對緬甸經濟及中緬經貿關係的影響非常重要（劉元慧，2016）。

2016 年全國民主聯盟（NLD）和翁山蘇姬雖然致力改善緬甸投資環境，卻改革緩慢，經濟表現不佳，但美國於 2016 年 10 月取消對緬甸之貿易制裁，並於當年 11 月恢復貿易協定優惠關稅。

2018 年 8 月緬甸《公司法》正式施行，允許中國和各國對緬甸保險業和批發零售業的直接投資。

2020 年 11 月緬甸執政黨全國民主聯盟（NLD）為爭取選民支持，積極推動經濟改革、對外引資招商，然而短期內較難見其成效，但是可預知的中國仍是緬甸外資投資的最大來源國之一。

貳、中緬經貿現況

2019 年根據中駐緬商務處（謝國祥等，2019）剖析目前中緬兩國經貿合作整體來看是穩步提升與多元發展的。因此，在「一帶一路」倡議及緬甸國家戰略上，中緬兩國經貿合作仍然有很大的發展空間。

一、中緬雙邊經貿協定

2001 年 12 月 12 日，中緬雙方簽署《中華人民共和國政府和緬甸聯邦政府關於鼓勵促進和保護投資協定》，給予投資者明確規定最惠國待遇、國民待遇及例外、徵收、損害和損失補償等內容。此外，緬甸因為是東盟成員國，享有中國—東盟自貿區協定框架下的權利和義務。

二、勞務與工程承包合作

緬甸的工資水準很低，一般非技術工人的月薪平均只有 100 多美元，這種工資對中國勞務人員的吸引力不高。中國在緬甸從事勞動的勞

務人員，大都是承包工程和境外投資的勞務輸出或中企長期派駐緬甸的合作企業的管理人員和技術人員，中對緬的純勞務合作市場是比較小的。

據中國商務部統計，中企在緬新簽工程承包合作合同額，2018 年 27.66 億美元；2019 年 63.1 億美元；2020 年 54.1 億美元；2021 年 1-6 月 6.3 億美元。

三、中緬雙邊貿易

緬甸因長期受軍政府的管制，導致國內經濟發展嚴重落後，中緬兩國經貿合作長期是處於停滯的狀態。中緬經濟合作一直到本世紀初緬甸軍政府開始放鬆管控和實行對外開放，開始得以迅速推進。

據中國海關 2021 年的統計，如表 1，中緬雙邊貿易額雖有起伏，但近年來仍持續成長，而中國對緬甸的出口也是緩步上升。2021 年中國持續保持為緬甸最大貿易夥伴、第一進口來源國、第一大出口市場，以及重要的投資來源國。

表 1　中國與緬甸主要五大類進出口

中國自緬甸進口	中國對緬甸出口
木材及木製品、植物產品、礦產品、塑膠製品、水產品等。	機電、紡織原料及製品、金屬及製品、車輛及零件、化工品等。

資料來源：中國海關，2021。

2019-2020 年緬甸與中國貿易中，緬甸出口超過 54 億美元，進口超過 67 億美元，貿易逆差已超過 13 億美元，而貿易逆差一直是中緬經貿難以克服的問題。據中國海關統計，2014-2020 年度的中緬雙邊貿易情況如表 2：

表2 2014-2020年中緬雙邊貿易情況

（單位：億美元）

年分	貿易總額	同比（%）	從緬進口	同比（%）	對緬出口	同比（%）
2014	249.7	146	156	455.2	93.7	27.7
2015	152.8	-38.8	56.2	-64.0	96.5	3.1
2016	122.8	-18,6	41.0	-24	81.9	-15.2
2017	135.4	10.2	45.3	10.5	90.1	10.0
2018	152.4	13.1	46.9	3.6	105.5	17.9
2019	187	22.8	63.9	36.4	123.1	16.7
2020	188.9	1.0	63.4	-0.7	125.5	1.9

資料來源：中國商務部亞洲司，2021，作者整理。

　　近年由於中國禁止跨境非法貿易，有些農產品貿易被叫停，又因中國一直在加強實施邊境管制以遏止冠狀病毒的傳播，因而造成雙方邊境地區交通壅塞，也造成出口延誤。中緬雙方為了降低貿易壁壘，並通過邊境貿易管道為緬甸商人提供協助，緬甸工商聯合會正在與中國商部及相關部門和同行進行談判，希望建立更多邊境貿易的經濟合作區，以促進雙邊的邊境貿易。

四、雙邊投資

　　據緬甸《新光報》的報導，至2020年12月，在緬甸投資的51個國家中，最多的分別是新加坡、中國和泰國。12個投資領域中投資占比最多的前三名分別是：第一位，電力領域，占總投資額的26.13%；第二位，石油和天然氣，占總投資額的25.98%；第三位，製造領域，占總投資額的14.57%。

　　據中國商務部亞洲司2021年發布的數據，中企2020年對緬甸全部行業的直接投資額已達2.6億美元。而至2021年大約有400家中國企

業在緬甸的電力、電信、天然氣、製造等領域進行投資。中國對緬投資主體是國有企業，與緬合作對象集中在軍方和官方的企業；中國對緬投資領域集中在開發資源、油氣、礦產、水利、紡織製衣等。2020 年中國對緬投資已達 2,600 萬美元。

中資投資主要採用 PPP（Public-Private-Partnership）、BOT（Build-Operate-Transfer）、PSC（Production Sharing Contract）三種經營方式（謝國輝等，2019）：

1.PPP：公私協力夥伴關係、由民間投資興建並營運；

2.BOT：營運期滿後，移轉該建設之所有權予政府；

3.PSC：產品分成合同的方式經營。

中國已經成為緬甸最大的貿易合作夥伴，中緬正努力建立更多的邊境經濟合作區，促進邊境貿易。據華經產業研究院數據顯示如圖 1：2020 年中緬雙邊貨物進出口額為 1,889,265 萬美元，相比 2019 年增長了 19,211 萬美元，同比增長 1%。

（單位：萬美元）

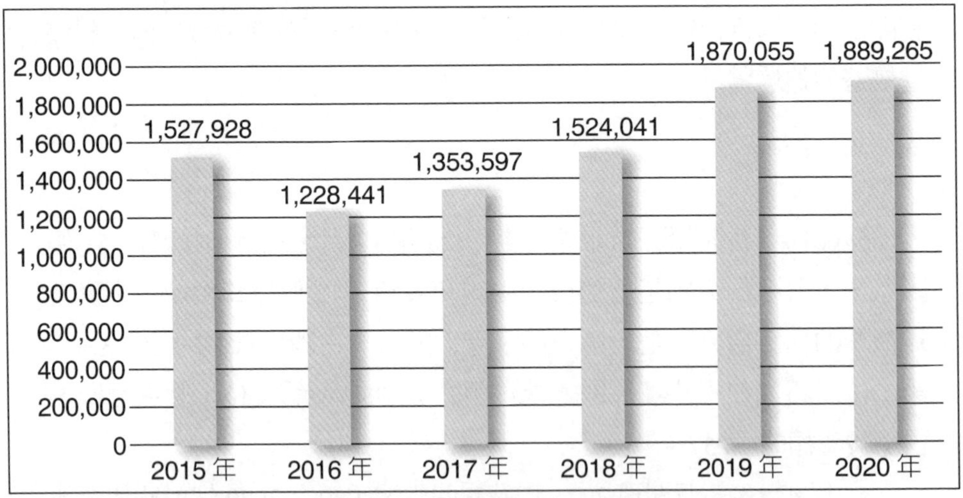

圖 1　2015-2020 年中國與緬甸雙邊貨物進出口額

數據來源：中國海關，華經產業研究院，2021。

五、中國在緬投資主要項目和企業

據中國商業部 2021 年統計，中對緬進行投資合作，主要項目和企業如表 3。

表 3　中國在緬投資主要的項目和企業

編號	投資項目	投資企業
1.	中緬油氣管道	中石油東南亞管道公司
2.	蒙育瓦銅礦	中國北方工業有限公司
3.	達貢山鎳礦	中色鎳業有限公司
4.	哈吉水電站、猛瓦水電站工程	中國水電建設集團
5.	仰光新城開發	中國交通建設
6.	仰光新會展中心	雲南建投
7.	育瓦迪水電開發	大唐（雲南）水電聯合開發
8.	伊江上游水電開發	中國電力投資公司
9.	緬甸油氣區塊勘探	中國石油化工股份有限公司
10.	緬甸鐵路機車、車廂廠承包工程	中國機械進出口總公司

資料來源：中國商務部，2021，作者整理。

參、緬甸政經轉型對中國在緬投資的影響

據學者（馮飛，2016）深究中國對緬甸的投資轉變，主要有兩個原因：(1) 緬甸民主政府上臺後為了重返國際政治舞臺，進而穩固其執政的地位，積極與美國為首的西方國家改善關係，打破長期以來緬甸在國際政治生態環境裡被西方國家孤立的困境。此因素造成緬甸政府不得不實現新一輪的再平衡，而中國在緬甸的影響力勢必會被弱化；(2) 當世界大國在緬甸為各自國家利益角力時，近年來中國在緬甸的投資逐漸失去競爭優勢。此外，中資原本就被賦予強烈的軍方色彩，在緬甸政局

紛亂不斷下，民間仇華的情緒日益高漲，抵制中國投資的聲音也未曾消失。

據學者（吉香伊，2016）研究，緬甸政經轉型下經貿環境仍存在一些問題；而這些問題可能會影響中國對緬甸的投資，五個主要原因如下：(1) 新政府政權根基不牢，國內政局不穩；(2) 大國博弈和協力廠商競爭加劇；(3) 對外商吸引力不足；(4) 緬甸國內交通不便，中國從緬甸進口成本較高；(5)前政府暫停項目虧損較多，恢復生產仍存在可能性。

肆、中緬經貿合作的價值

在「一帶一路」的戰略框架下，不斷擴大中緬經貿合作，對緬甸的影響甚巨。2019 年光明網分析如下：(1) 可吸引源源不斷的中資進入基礎設施等領域，逐步改變落後；(2) 可充分利用兩國經濟的互補性，對接中國巨大的市場，發揮自身優勢，擴大對中國的出口，增加緬甸的資本積累；(3) 可承接中國優質產能的轉移，發展自身產業，擴大就業，提高居民生活水準；(4) 可學習中國的改革經驗，改善其自身的經濟治理和企業管理水準；(5) 可憑藉地理優勢，發揮連接中國腹地和印度洋的陸海聯通樞紐作用，依賴轉口貿易、物流中轉等方式獲取經濟利益。

第二節　中國對緬甸的投資策略

1988-2021 年，中緬雙邊貿易合作發展的成效令人矚目，兩國的雙邊貿易持續快速增長，貿易地位也日益增強。基於兩國各自經濟產業特徵與自然資源各有稟賦，兩國外貿商品顯示性在比較優勢較為突出；但是長久以來雙邊貿易合作中互補性的潛力卻未能有效發揮，其主要原因：商品種類單一、合作層次低下、高度依賴自然資源型產品、合作模式不具有可持續性、競爭性日益凸顯。（鄭國富，2016）

壹、中國對緬甸的投資

2019 年《聯合國人類發展指數報告》（HDI）中，緬甸位列第 145 名，仍處於全球最不發達經濟體之列，在東南亞國家中排名倒數第一，同期全國貧困率達 24.8%，超過全國總人口數 20% 的人是生活在貧困線下。究其原因，緬甸歷屆政府在對外經濟合作議題上都持贊同態度，希望外資參與投資緬甸的建設。然而不可諱言，這主要是緬甸經濟基礎差，生產水準落後，與緬甸軍政府的經濟政策息息相關（沈平，2007）。

緬甸民選政府與軍政府在監管手段和治理能力上存在極大的歧見，而這些歧見正是關係緬甸經濟能否發展的關鍵。儘管西方國家對緬甸進行經濟制裁，對緬甸影響並不大，主因是：(1) 緬甸為農業國家，糧食與農副產品基本上可以自給自足；(2) 緬甸北鄰中國，雖受西方經濟制裁，短缺的工業產品或生活用品可從中國進口，對緬甸民眾而言，中國家電價格較低，在緬甸市場上具有競爭力，可以適應緬甸大多數人的生活水準（蔡裕明，2004）。

一、投資環境風險

緬甸自 2011 年開放以來，就業率成長和新訂單強勁，中國已經成為外人投資的前兩名。但因應緬甸能源供應與基礎建設的支出，國家財政預算赤字不斷增加中，通貨膨脹的壓力高，政治與貿易逆差、整體經濟結構、國內製造業環境等因素都不穩定，外資到緬投資仍屬高度風險階段。

因此，2019 年中國商業部駐緬甸經濟商務處提醒中國投資者到緬甸投資的企業應該要注意以下事項：(1) 法規有待完善，政策穩定性不足，給投資者帶來許多不確定性；(2) 基礎設施落後，外國投資者帶來諸多不利影響；(3) 金融環境不佳，嚴重影響外商的投資收益；(4) 緬

甸部分地區有安全隱憂，避免前往高危地區進行投資；(5) 西方國家紛到緬投資，中國在緬企業投資競爭壓力加大；(6) 緬甸輿論環境日趨複雜，居民及勞工不理性訴求增多；(7) 加強對緬甸政經形勢的關注。（謝國祥等，2019）

而 2020 年中華民國經濟部投資業務處指出有意前往緬甸投資之廠商在當地投資，應該注意以下的事項：(1) 借用人頭增加風險；(2) 勞工問題、工資調升；(3) 不動產租金高昂；(4) 緬甸政府提供之服務資源不多；(5) 法規解釋空間大；(6) 電力問題阻礙自動化；(7) 融資不易；(8) 基礎建設不足。

中國承包緬甸工程方面的學者（謝國祥等，2019）研究則提出必須注意以下事項：(1) 充分挖掘市場潛力；(2) 建立良好合作關係；(3) 避免惡性競爭；(4) 造福當地社會；(5) 充分考慮困難與風險。

而中企進入緬甸投資必須面對資金等風險（謝國祥等，2019）：(1) 金融匯率風險；(2) 商業詐騙；(3) 安全風險；(4) 疾病風險；(5) 經濟政治風險；(6) 避險方式。

二、中國企業在緬甸經營現況及投資機會

（一）中企在緬經營現況

據 2020 年 3 月投資暨公司管理局（DICA）之統計，外資投資累計金額總計為 864.97 億美元。緬甸主要外資來源國當中，中國大陸有 465 件，211.51 億美元，排名居第二位，大部分中資投資於緬甸基礎設施領域。隨著中國已經開始從新冠肺炎危機中復甦，中國資金將流入支持緬甸「一帶一路」倡議的戰略性基礎設施項目。

（二）中國對緬投資的範疇

近年來中國對緬投資的範疇，由於中企受緬甸引資和外交政策的影響，對緬投資因而有其階段性的不同，如表 4 所示。

表4　近年來中國對緬投資的範疇

年分	投資的範疇
1989-1998	以「貿易導向」為主，集中在玉石、木材、農產品等。
1999-2013	以「尋求資源」型，開發水電資源、油氣及礦產等。
2018	中緬在原有投資的基礎上，啟動中緬經濟走廊，此時中企對緬的投資領域擴展至金融、旅遊、資訊。
2021	緬甸中企以紡織製衣業占比最多。紡織製衣30%、房地產建築15%、農業10%、電力能源業8%、通信業5%、旅遊與服務業12%、工程承包行業8%、其他產業12%。

資料來源：中國商務部、環球時報，2021，作者整理。

（三）中國對緬投資的規模

中國對緬隨著國內政局和國際局勢、環境等因素而影響其投資規模的大小，近年來中國對緬投資的規模概況如表5所示。

表5　近年來中國對緬投資的規模概況

年分	說明
1988	緬甸軍政府頒布《外商直接投資法》以吸引外資，外資開始進入緬甸。
2006-2008	2006年後中國是緬甸的第六大投資國，中企對緬直接投資穩步成長；2008年中企已成為緬甸的最大直接投資來源地。
2010-2011	2010年中企對緬直接投資達到近十年來的最高額，隨著後來緬甸的經商環境不斷改善，及西方國家不斷加大對緬甸投資力度，中企投資受擠壓因而減少，從2010年的8.76億美元降到2011年的2.19億美元，隨後仍呈下降趨勢。
2017	一帶一路倡議提出後，中緬合作經營、工程承包、經濟援助等合作方式增多，而直接投資則相對減少。
2020	中國企業對緬全行業直接投資2.6億美元，同比增長了7.8%。

資料來源：中國商務部，2021，作者整理。

總體觀之，中國企業對緬直接投資流量的變化，其波動幅度是較大；但是其存量仍是穩步在增長。

（四）中企在緬甸投資未來方向

由中緬雙邊貿易合作發展的互補性與競爭性，學者（鄭國富，2016）分析顯示，增進中緬雙邊貿易預期有效的方向如下：(1) 在「一帶一路」戰略背景下，增進兩國高層政治互信；(2) 完善互聯互通基礎設施建設；(3) 立足雙方資源稟賦；(4) 優化投資結構；(5) 深化互補性貿易交往；(6) 加速貿易自由化與便利化，推進務實合作。

朝著對的路走，未來中緬雙邊貿易合作發展的潛力是巨大、前景也是廣闊的。

貳、政經轉型對中資投緬的影響

2021 年緬甸軍變，軍方總體掌控全域，實施為期一年的緊急狀態。現階段對中資企業在緬投資，機遇與風險並存，因此，目前緬甸政局變化對中緬投資與經貿合作影響相對有限。但仍會受到緬甸國內外各種因素滋擾。一旦緬甸軍方為了迎合西方國家以免再遭更多制裁，或將以中國在緬投資專案或市場份額作為談判切入點，這將給中資企業在緬投資再次造成市場風險。

一、緬甸政經轉型對中國投資的影響

緬甸新政府的經濟政策調整及與其他國家經濟關係的變化，對中緬投資合作產生了一定的影響，中國勢必要調整策略，才能促進中國對緬投資的持續發展。2016 年學者（馮飛，2016）指出緬甸政經轉型對中國投資的影響：(1) 中國在緬投資額逐年下滑；(2) 西方國家對緬投資增加中企巨大競爭力；(3) 中小企業和私人企業積極在緬尋找投資市場；(4)2021 年軍政府執政之亂象迫使中企撤離。

二、中緬拓展經貿投資合作面臨的大挑戰與機遇

根據 2021 緬甸工商聯合會（UMFCCI）的資料，由於大部分中國資本投資於基礎設施領域，中國已是緬甸最大交易夥伴和最大投資來源國。雖然緬甸改革轉型以來社會整體來看相對是穩定的；但是鑒於其國內複雜的民族、宗教與政治的問題，中企赴緬投資仍面臨許多不定性和風險。

據學者（馬強，2015）研究對中緬投資指出，中緬拓展經貿投資合作可能面臨的六大挑戰：(1) 緬甸轉向大國平衡外交，以弱化中國影響；(2) 緬北地區局勢動盪，影響了兩國經貿關係發展；(3) 緬甸投資軟、硬環境堪憂，風險較高；(4) 緬甸對外國投資仍有不同程度限制，制約外商投資發展；(5) 各國紛紛入緬投資，中國企業競爭壓力加大；(6) 中國在緬一些大型投資專案受民眾干擾，陷入發展困境。

中緬經貿投資合作的七大發展機遇：(1)「一帶一路」和「孟中印緬經濟走廊」規劃建設；(2) 亞投行的融資支持；(3) 中緬產業投資合作潛力巨大；(4) 緬甸發布外商投資優惠政策；(5) 緬甸啟動國家出口戰略計畫；(6) 緬甸對外資銀行和保險公司發放有限經營許可；(7) 中緬邊境貿易中心建設和口岸開放獲得新進展。

三、中國對緬甸的投資策略

中國對緬投資策略應該立足國際化策略，聚焦緬甸的國家發展訴求，與「一帶一路」倡議下的行業資源做對接，評估投資風險、發現投資的機會，並研擬有效益的投資策略，提高中企在全球市場的競爭力和配置資源的能力。

因此，中企與緬甸展開經貿合作，須謹守緬甸《外商投資法》相關政策和法律以展開業務，融入當地社會，以降低政治經濟的風險，並且要積極履行企業的社會責任。在中國海外投資迅速增長時，中國海外投

資遭遇的風險愈來愈多，在各種風險中，以政治風險最普遍，因此，中國對緬投資應及時調整投資戰略與模式。

綜合中國商務部對外投資和經濟合作司、國際貿易經濟合作研究院及中國駐緬甸大使館經濟商務處研究出版《對外投資合作國別（地區）指南──緬甸 2020 年版》等各方對緬甸投資的建議，中國對緬甸投資要從政治、經濟、市場、金融、社會、勞工等風險採取投資策略：

（一）**政治風險策略**

1. 結合緬甸外商投資法律制度的特點，簽署中緬雙方投資保護協定，強化中企在緬投資應該建立健全的政治風險評估和預警機制。

2. 增強互利互信，多管道實現共建共贏，建立兩國在區域合作的新型戰略夥伴關係，持續發展雙邊合作，以強勁的中國經濟發展加速帶動緬甸經濟發展。

3. 密切關注中緬關係走向，軍政府與全國民主聯盟若能攜手合作，讓緬甸穩定發展，穩步實現民主化，如此，才可為中緬經貿合作創造更多更新的機遇。

4. 緬甸法制體系不完善，政府缺乏有效執法能力，因此，給中國投資者帶來許多不確定性與較大的政策法律上的風險，必須多加關注，隨勢應變。

（二）**經濟風險策略**

1. 審慎選擇有投資潛力的產業領域，投資多元化，分散項目風險：如基礎設施、採掘業、農業、製造業、旅遊業等領域。

2. 產業基礎薄弱，積極投資能源產業：配合緬甸水力、電力保障計畫（天然氣發電占比 20%；燃煤發電占比 33%；水電占比 38%）。

3. 深究外商投資優惠政策和政府鼓勵投資領域，增加企業獲益。

4. 善用領有經營許可外資銀行和保險公司的服務，減少企業損失。

5. 中緬優勢互補合作，促進和加大中緬邊境的貿易。

（三）市場風險策略

1. 通過股權結構安排，規避海外產權的風險。

2. 加強緬甸民眾社會責任意識，規範企業投資和經營行為，面對緬甸經濟發展的變化，勢必融入本土化戰略，才能規避海外投資風險。

3. 基礎建設的開展需要確保減少衝突、創造當地就業機會、避免環境惡化，並為當地社區帶來收益。

4. 中企應給予緬甸醫療衛生、科技、人文及教育更多的援助，並積極加強勞動密集型產業、基礎設施以及農業的投資。如此，才能關注較多民眾與民生經濟。

（四）金融風險策略

1. 在「一帶一路」倡議下，充分利用「絲路基金」和「亞洲基礎設施投資銀行」，兩大投資和融資平臺，積極開拓多種投融資管道。

2. 緬甸金融環境差、體制和服務相對落後，外商在緬甸融資較困難，中企赴緬投資必須先考慮融資問題、收匯和匯率變動風險，才能減少投資上的損失。

（五）社會風險策略

1. 設立社區事務管理投訴機制，了解訴求、維護關係，減少項目推動的阻礙。

2. 妥當處理種族及宗教間緊張關係，及影響經濟發展之風險因素。

3. 增加中企在緬投資的社會的影響力。

4. 建立良好投資形象、融入當地生活、推動人才在地化、減少政治風險。

（六）勞工風險策略

1. 緬甸勞動力素質較低，對技術型、專家型，以及高階管理人才的需求缺口較大，中企須承擔在緬員工技術培訓，此會增加中企經營成本和管理上的難度。

2. 重視勞工關係，因勞資糾紛所引起的示威、罷工、暴力等事件

帶來的挑戰。

第三節　中國「一帶一路」對緬甸經濟未來發展的影響

壹、緬甸在「一帶一路」建設中的價值

一、地緣位置在「一帶一路」建設中可發揮獨特作用

緬甸位於中國絲綢之路的經濟紐帶中，是古代「海上絲綢之路」和「南方絲綢之路」的兩大通道之一，是實現中國與東南亞、南亞地區互聯互通的重要樞紐和國際的大動脈，也是中國實施能源多元化和拓寬海外進出口管道策略的首選之地。

2020 年 Geoff de Freitas 在《仰光報》經貿研究指出：

自 2013 年「一帶一路」倡議首次提出後，緬甸已成爲中國總體戰略規劃的重要一環。是印度、孟加拉、東南亞與中國之間的主要貿易樞紐，地理位置優越，也有濱臨印度洋的優勢，便利中國貨品迅速運往中東及歐洲。緬甸對中國西部省分特別有利，可讓中國產品完全繞過繁忙的南海航道，毋須沿馬來半島作長時間航行，緬甸的地理優勢可見一斑（Geoff de Freitas, 2020）。

二、緬甸經濟發展的潛力是「一帶一路」中緬合作的利基

（一）從政策面看

1. 2011 年 3 月吳登盛政府上臺後，全面深化對外開放政策，緬甸出現由政府驅動的經濟轉型，使得總體經濟效益增速。

2. 2011 年緬甸進行經濟改革，希望逐步建立市場化的經濟制度，進而實現經濟高速增長；同時頒布了一系列法規，也訂定一些政策，如

匯率自由化、金融稅收、建立經濟特區、扶持中小企業、私有化，希望擴大吸引外資能投資緬甸的基礎設施、電信設施、製造業和金融等產業。

3. 同時，為了推進緬甸國內的經濟制度改革，也與國際貨幣基金組織、世界銀行以及亞洲開發銀行等國際性的組織緊密合作，無疑的讓緬甸的經濟增長迅速、經濟局面大大改觀。

4. 緬甸封閉經濟發展半個世紀，經濟發展落後，2016 年全國民主聯盟上任後，加速民主改革、促進民族融合、全力發展經濟三大要務。

5. 緬甸天然資源豐沛，勞動力工資低廉，又有農業發展及旅遊產業好的發展潛力，民主與經濟逐部開放，為東協充滿活力經濟體之成員，經濟發展也是東協（ASEAN）經濟成長較快速國家之一。

6. 2021 年翁山蘇姬下臺，軍政府接管政權，預期中緬關係依然密切，中國直接投資將會持續流入緬甸，有利緬甸經濟發展。

（二）從經濟面看

緬甸是中國重要的能源供給國之一，對保證中國的能源安全十分重要，因此，中緬經貿關係的穩定性著實關係中國能源的安全。除外，緬甸本身具有豐富的油氣資源，且緊鄰擁有豐富油氣資源的波斯灣，中國與緬甸合作可讓中國產品完全繞過繁忙的南海航道，緩解中國對馬六甲海峽的依賴，並保證中國能源的安全。

緬甸同時也是中國企業投資的重要市場，具有較大的潛力，所以緬甸無疑的是中國拓展印度洋戰略的重要合作夥伴。

三、穩定可靠的雙邊關係是「一帶一路」中緬合作堅實基礎

中緬「一帶一路」合作的政經基礎在於雙邊政經關係穩步發展，以及緬甸對「一帶一路」倡議的積極態度，所以當中國提出「一帶一路」倡議後，緬甸就表達強烈加入的意願，積極響應「絲路基金」和「中印

緬經濟走廊計畫」，加入亞洲基礎設施投資銀行。而中國除了以技術或資金支援緬甸的現代化發展外，在羅興亞難民危機事件上，北京運用表決權保護緬甸免受聯合國安理會的譴責和制裁，可見中緬有密切的「胞波」情誼，在「一帶一路」的框架下存在很多共同利益的契合點。

貳、「一帶一路」背景下中緬投資合作

中國「一帶一路」的國家戰略推進及「供給面」的結構性改革，極大地促進了中國經濟的增長，從根本上提升了中國經濟增長的品質和數量，其中消費、投資、出口這三大領域的經濟增長幅度最高（宋青，2017）。中國倡導的「一帶一路」建設中，基礎建設領域是優先的領域，緬甸在參與「一帶一路」建設中具有不可取代的地位，而「一帶一路」為緬甸基礎設施建設提供了發展機遇，但緬甸自身還存在阻礙基礎設施建設的不利因素（李淩秋，2017）。緬甸是中國全面戰略夥伴關係的國家之一，並積極支持「一帶一路」倡議，多年來已有實質發展，雙邊合作從經貿援助，發展到投資、承包項目及多邊合作，是緬甸最大投資來源國之一，兩國貿易額逐年遞增，就地緣與經濟角度來看，中國與緬甸優勢在雙邊經貿合作的互補性強，市場潛力比較廣闊。

一、緬甸基礎設施建設的現狀及發展受限的原因

學者（李淩秋，2017）研究阻礙緬甸基礎設施建設發展的不利因素，追究其原因，主要有以下幾個方面：(1) 政府缺少實施大型基礎建設項目的管控能力；(2) 國內融資條件相對較差，基礎設施建設資金缺乏；(3) 政治轉型及政權更迭，政局尚未穩定，對基礎設施建設發展帶來一定的影響；(4) 投資環境不夠成熟，基礎建設軟硬體停滯落後。

二、中緬基礎建設投資合作空間及前景

緬甸重申歡迎「一帶一路」倡議的立場，搭此順風車是可以改變緬甸基礎設施落後的狀況，中緬基礎建設投資合作空間及前景是可期待的。據學者（李淩秋，2017）研究分析如下：(1) 緬甸新經濟政策下，未來經濟發展更重投資帶動力，要先發展電力、公路、鐵路、港口、機場等基礎設施建設；雖然中短期內對緬甸基礎設施行業投資開發可能面臨較高風險，但總體來看緬甸自然條件優越、勞動力資源充沛、投資環境也逐步改善、經濟增長速度平穩、基礎建設發展潛力大、投資機會多，長期發展前景是比較廣闊的；(2) 中國企業如何在「一帶一路」背景下把握機遇，首要選擇投資緬甸交通基礎設施，如公路、鐵路、港口及機場建設四方面；(3) 中國推動共建「一帶一路」，促進區域經濟合作和文化科技交流，實現沿線國家的五通（政策溝通、設施聯通、貿易暢通、資金融通、民心相通）建設，給緬甸的基礎設施建設的發展提供了良好的機遇。

三、中緬基礎建設投資合作的路徑選擇

緬甸政局波動風險高，在「一帶一路」背景下對緬甸基礎設施建設投資或合作的展開，要注意幾個問題，並妥善的處理（李淩秋，2017）：(1) 中緬開展基礎設施建設的合作，須建立在自願、互利、雙贏的基礎；(2) 中企要充分利用和發揮投資、融資平臺，積極開拓多種投融資管道；(3) 加強對「一帶一路」建設，特別是面向東南亞的「二十一世紀海上絲綢之路」建設的重要性和現實意義的宣傳，進一步增強資訊的公開、透明和開放。

四、「一帶一路」下中緬可以合作的重點領域

緬甸全國民主聯盟執政後，逐步開放外商投資，開放領域集中在

傳統的農業、水產養殖和旅館行業。開放幅度依然有限。所以學者（杜蘭，2017）認為目前中緬可以合作的重點領域，如下：(1) 農業、林業、水產畜牧、基礎設施建設、酒店與旅遊業。其中基礎設施建設將是未來中國可以投資的一大重點；(2) 道路建設電力行業也是一個非常值得投資的領域；(3) 全球移動電話和互聯網普及率低的國家之一，市場前景可觀；(4) 農業在緬有前景且受歡迎，而緬甸農業資源豐富未開發土地很多，發展潛力巨大；但農業技術落後，人才缺乏；而中國則在市場、技術和種植水準方面都有很多優勢。

參、「一帶一路」建設來自緬甸的挑戰因素

緬甸經濟的挑戰主要來自中國與世界需求的減緩，而中國的影響特別龐大。儘管中緬在「一帶一路」建設中有許多合作的機會；但緬甸仍然處於政經轉型的初級階段，在政經和社會改革變數較大、社會矛盾增加，政府掌握局勢能力減弱。對中國政策容易受西方勢力等外界干擾和民眾的影響。學者（杜蘭，2017）分析「一帶一路」建設來自緬甸的挑戰因素。如下：

一、緬甸國內的因素

(1) 政治轉型的前景不明；(2) 經濟基礎薄弱、投資環境不佳；(3) 民眾環保意識抬頭等因素影響外國投資項目建設：(4) 緬甸勞動環境動盪、勞力市場不穩定；(5) 緬甸軟硬體基礎設施建設落後，交通通訊、電力等基礎設施較差、供電不穩定嚴重影響了當地的發展：(6) 緬甸部分地區動盪，民族宗教衝突影響國家形象和發展及社會的穩定。

二、來自西方的競爭

為吸引更多西方援助和投資，減少對中國依賴，緬甸對中緬之間的

合作變得更加謹慎，把西方的態度與反應作為重要的考量，必要時刻會選擇犧牲中國的利益，所以中國原有的優勢逐漸減弱。

三、中緬關係的困境

中國在緬甸的一系列的合作項目屢屢受挫，反映出中緬的傳統友好關係因為緬甸政治轉型正在遭遇挑戰，中緬關係在一定程度上陷入困境。同時緬甸社會存在反中國的情緒，隨著言論的開放，緬甸執政者為了得到民眾的支持，不得不犧牲中緬關係。

肆、中國「一帶一路」對緬甸經濟的影響

(1) 兩國政府主導「一帶一路」相關大型基礎建設，偏向市場經濟的招標，相關數據，有超過九成能源招標案，緬甸判給中企及其夥伴；(2) 緬甸對「一帶一路」倡議謹慎；但是能源開發卻過於依賴擁有優勢的中國資金，緬甸電力不成比例地依賴中國，有潛在政治風險；(3) 緬甸的觀光旅遊產業貢獻 GDP 達 16%，中國客不來，觀光業失去兩成的客源；(4) 疫情衝擊下，邊境貿易前所未有的蕭條。

伍、未來中緬經貿合作的對策與建議

如何推動中緬的合作和關係，對於中國與臨近國家的外交與「一帶一路」建設是非常重要的考驗，中緬兩國從彼此國家利益是必須「互相支持、互惠互利」，以「一帶一路」的契合點穩固雙方關係、持續增進合作，擴大經貿往來。

一、未來中緬經貿合作的建議

中緬長期保持友好合作關係，民選政府執政後，中緬簽署了多項合作的備忘錄和協議，雙方密切往來。然而，隨著西方各國的投資競爭、

緬國內政治經濟的改革，政經利益複雜化，對中企投資帶來巨大挑戰和風險。學者馮飛、吉香伊與杜蘭分別提出「一帶一路」建設背景下中緬經貿合作的對策和建議如下：(1) 中緬經濟技術合作建立在自願與互利的基礎，應充分了解緬甸國情；(2) 中國企業進入緬甸要加強管理、合理規劃、統籌開發、有序投資；(3) 確保資訊公開，讓緬甸民眾知道投資的益處；(4) 支持非政府組織公益活動，提升國家形象和軟實力、維護中國在緬投資的安全（馮飛，2016）；(5) 擴大兩國投資和貿易合作，提升兩國經貿合作層次；(6) 積極扶持緬甸基礎設施建設，擴大在交通運輸業領域合作；(7) 規範在緬投資行為，贏得信譽和口碑；加強與緬政府溝通，重啟兩國合作專案，推動工程繼續開展；(8) 對於緬甸可能存在的政治風險和貨幣風險，需要在合作條約中適當增加有關特殊情況的說明條款，以降低投資風險（吉香伊，2016）；(9) 中資企業在緬投資應該採取共贏的戰略。（杜蘭，2017）

　　中緬儘管存在諸多障礙，但兩國在經貿合作中各具優勢，互補性強，具有較強的互利合作發展潛力，加之緬甸經濟處在轉型期，新政府很可能通過引入外資來調節經濟結構，加速工業化進程。中國應順勢而為，增強自身競爭力，促進中緬經貿合作深入的發展。

二、「一帶一路」背景下推進中緬經濟走廊建設的建議如下

　　隨著「一帶一路」推進中緬經濟走廊建設，成效顯著。中企赴緬不斷的擴大投資的領域，然而緬甸政局及政策法律環境不穩定，基礎建設相對落後等原因，中企赴緬投資必須注意以規避風險、減少損失（孟萍莉；吳若楠，2019）：(1) 建立健全風險評估體系和預警制度；(2) 審慎選擇投資領域；(3) 合理分散項目；(4) 妥善處理各方關係，減少摩擦和對抗。

　　在「一帶一路」建設中，緬甸的戰略位置非常重要，加強中緬經貿

合作是推動「一帶一路」建設的重要舉措，必須得到足夠的重視。

三、「一帶一路」背景下中緬經貿合作建議

學者（謝國祥等，2019；丹莎敏，2020）研究指出，爲保障中資企業在緬甸順利開展各項業務，對中緬經貿合作的建議事項，如下：(1) 企業須加強內部管理，規範經營行爲，不斷提高企業競爭力；(2) 注重生產安全和環境保護，兼顧各利益主體不同的訴求，以期實現和諧共贏；(3) 尊重當地合作夥伴，遵循「國家有利，企業贏利，中緬互利」的原則，積極融入緬甸當地社會生活；(4) 完善合作基礎；(5) 做好協調管理；(6) 推動信息公開；(7) 關注民間力量；(8) 堅持互利共贏。

同時中國駐緬甸大使館經濟商務處認爲中國企業在緬甸建立和諧關係很重要，必須注意如下事項（謝國祥等，2019）：(1) 處理好與政府和議會的關係；(2) 妥善處理與工人、工會的關係；(3) 密切與當地居民的關係；(4) 尊重當地風俗習慣；(5) 依法保護生態環境；(6) 承擔必要的社會責任；(7) 懂得與媒體打交道；(8) 學會和執法人員打交道。

從大局著眼，儘管不排除風險因素的存在，但在增進互信、深化合作的基礎上，加強經貿往來、實現互聯互通，最終打造命運共同體和利益共同體是中緬兩國關係發展的大趨勢。（李敦瑞，2015）

在「一帶一路」建設背景下，中國應該加強與緬甸經貿合作，務實合作來實現互利共贏，中國應該採取更加主動的外交政策和更加靈活的合作策略，對合作中存在的問題進行分析和解決，推動中緬關係朝著穩定健康的方向發展。（丹莎敏，2020）

總而言之，緬甸政經發展未來的道路，必須採取歐美與中國及東協（ASEAN）平衡互利互惠的戰略，軍人減少干政，回歸政治民主化，經濟自由化，尊敬緬甸多種族、宗教社會利益，國家才能長治久安，人民才有幸福。

參考文獻

1. 中國一帶一路網，2021，各國資料，https://www.yidaiyilu.gov.cn/jcs-jpc.htm。

2. 中國海關，2021，〈2015-2020年中國與緬甸雙邊貿易額與貿易差額〉，華經產業研究院（www.huaon.com）。

3. 中華民國經濟部投資業務處，2018，《緬甸投資簡介》，中華民國廠商海外投資叢書。

4. 丹莎敏，2020，〈「一帶一路」建設背景下中國與緬甸的經貿合作〉，[J].商情，2020，14：期刊網：http://www.qikan.com.cn，3頁。

5. 吉香伊，2016，〈中緬經貿合作出現的問題及對策〉，[J].國際經貿，(7)，頁8-14。

6. 光明網，2019，〈星亞太國際物流——中緬貿易有什麼前景和價值？〉，網址：https://www.sohu.com/a/347613100_120323582。

7. 沈平，2007，〈緬甸對外資合作的態度〉，北京BBC中文網。

8. 宋青，2017，〈A公司海外（緬甸）投資酒店的策略研究〉，[D].雲南大學碩士論文。

9. 李淩秋，2017，〈「一帶一路」背景下中緬基礎建設的投資合作〉，《東北亞經濟研究》，第3期，頁32-39。

10. 李敦瑞，2015，〈中緬經貿合作前景及其戰略價值〉，《學習時報》。

11. 杜蘭，2017，〈「一帶一路」背景下中緬基礎建設的投資合作〉，《東南亞縱橫》，2017-1，頁29-35。

12. 林佾靜，2017，〈緬甸的改革開放與亞太大國關係發展〉，[J].Review of Global Politics, No.59, July 2017, P 105-140。

13. 孟萍莉、吳若楠，2019，〈中國企業對緬甸投資面臨的風險及對策〉，《對外經貿實務》。

14. 高燕、盧鵬起、周南等，2020，《對外投資合作國別（地區）指南──緬甸（2020年版）》，中國駐緬甸大使館經濟商務處、商務部國際貿易經濟合作研究院、商務部對外投資和經濟合作司。

15. 陳怡君、宋鎮照，2014，〈緬甸軍政府轉型與民主化發展：2012年國會補選前後的觀察與分析〉，《全球政治評論》，46(4)，頁115-138。

16. 張雅涵，2020，〈翁山蘇姬持續執政緬甸或將結盟印度平衡中國影響〉，新聞引據：採訪、南華早報、今日印度。

17. 馮飛，2016，〈緬甸政治經濟轉型對中國在緬甸投資的影響與思考〉，《長江從刊理論研究》，10(29)。

18. 蔡裕明，2004，〈兩洋突圍──中國對緬甸外交政策之探究〉，《逢甲人文社會學報》，8(5)，頁303-325。

19. 劉元慧，2016，〈緬甸政治體制變遷對緬甸經濟及中緬經貿關係的影響〉，《北京理工大學碩士論文》。

20. 鄭國富，2016，〈中緬雙邊貿易合作發展的互補性與競爭性分析〉，[J].湖南商學院學報海外，23(05)，頁23-29。

21. 謝國祥、張龍、周南、高琳琳、黃泰境、王坤等，2019，《對外投資合作國別（地區）指南──緬甸（2019年版）》，中國駐緬甸大使館經濟商務處、商務部國際貿易經濟合作研究院、商務部對外投資和經濟合作司。

22. Geoff de Freitas，2020，〈緬甸經濟備受疫情衝擊「一帶一路」項目被擱置一旁〉，香港貿發局。

Chapter *9*

緬甸經濟發展的現在與未來

許文志[*]

[*] 日本明治大學經濟學博士，環球科技大學創辦人，現任環球科技大學中小企業經營策略管理研究所講座教授、中華民國全國商業總會首席經濟顧問、中華民國私立學校文教協會最高顧問。

第一節　緬甸現在經濟發展五大困境

筆者於 2014 年 1 月 23 日赴緬甸實地考察研究後，發表五點對緬甸經貿發展及其演變的預測。茲再引述於下：

壹、軍權強硬派繼續阻擋民主化作硬的可能性很大

緬甸 2008 年制憲，建立民主選舉制度，軍人在國會議席分占參眾兩院各 25% 議席，餘 75% 議席經由民選決定。緬甸聯邦國會，由上院（參院：民族院 224 席，其中軍方指定 56 席），和下院（眾院：人民院 440 席，其中 110 席由軍方指派）組成。修憲必須經四分之三議員代表贊成。依《憲法》規定，總統和兩位副總統的職位採取間接選舉，由國會議員代表人民投票選出，而其中副總統一人應由軍人議員選出，軍人在緬甸實行民主政治，實際仍干預統治運作。《憲法》規定父母、配偶、子女的配偶爲外國籍者，不得擔任正、副總統，被稱爲「封殺翁山蘇姬家人當總統條款」，因爲翁山蘇姬的夫婿及其兩位兒子都是英國籍。2011 年 2 月，由軍方成立的「聯邦團結發展黨」（USDP）在國會選舉獲勝，退役軍人出身的 USDP 黨魁登盛（Thein Sein）獲選爲總統，推行民主政治、發展經濟、引進外資、開發工業區，在商業都市的仰光市民等之生活品質才開始逐漸獲得改善，重振停滯大半世紀的經濟發展。

現在執政的「全國民主聯盟」（NLD）成立於 1988 年 9 月，擁有200 多萬黨員，該黨主席翁山蘇姬的目標在推行政治改革、經濟開放。但，軍方依《憲法》規定仍然掌握國防、內政、宗教的實權。現在翁山蘇姬政權與軍方平起平坐，恐怖平衡共治緬甸。

緬甸現行的《憲法》規定，當國家進入緊急狀態時，總統須將權力完全移交軍方，因此，軍隊隨時可作硬，仍可操控緬甸政經發展，軍人干政是翁山蘇姬民主政權下的不定時炸彈。

貳、緬甸軍政官僚體系根深蒂固貪汙腐敗難改

緬甸政府官僚體系拿錢辦事，賄賂盛行，惡習難改。人民給軍警「喫茶錢」是市井小民的潛規則。走在仰光街角，密訪市民無不敢怒不敢言。例如中小企業年終應扣多少稅，可以暗中請稅務官員來公司「議價」：付賄賂多少 % 可換來減稅多少 %，令外資投資者觀望、卻步。尤其是軍商勾結，利益分配不公義，民心失望走向絕望。國家陸、海、空軍等退伍軍人勾結國內外財團，掌控全民利益。空軍退伍軍人搞機場航運，設航空公司獨占飛航路線營利。海軍退伍搞海港航運，設航海公司、貨櫃公司營利。陸軍退伍搞軍火槍炮、軍車及坦克車，設陸上軍火運輸公司營利。更具體的一般年輕人對政府官僚貪汙腐敗無可奈何，失望到極點的說：「今生今世沒有希望，先去當和尚，願來生來世重拾希望。」

參、少數民族分離主義紛爭難解，衝突不斷，和平似幻想

緬甸人口五千多萬，70% 是緬族，其餘 30% 是 13 族以上的少數民族。2015 年緬甸政府分別在東北部與漢人的果敢族（Kokang）武裝組織，在北部與克欽族（Kachin）衝突不斷。除克欽族獨立外，與各族武裝力量維持恐怖和平。因為緬甸資源富饒地區以及對外聯絡道路多位於少數民族地區為主的各邦。依照《憲法》明訂政府部會中的國防、內政，和邊境事務之要職，仍由軍方執掌。內政和邊境事務牽涉少數民族和宗教的治理。部會首長由軍方指派，因此，緬甸軍方長期鎮壓少數民族，很難節制。

翁山蘇姬就職週年（2017 年），管不住軍方血腥鎮壓，尋找軍方妥協解決少數民族難題，令她諾貝爾和平獎光環蒙塵。翁山蘇姬執政的成敗關鍵掌握在緬甸國防軍總司令敏昂萊手中。羅興亞少數民族難民逃往孟加拉，引起聯合國和歐美各國撻伐為「種族清洗」。特別是羅馬天

主教宗方濟各首次於 2017 年 11 月 27 日訪問緬甸，緬甸軍頭領袖敏昂萊首先搶見教宗，否認宗教歧視。然後會見國家領導人翁山蘇姬，呼籲緬甸尊重族群和宗教團體，建立「民主秩序」，讓每個個人和團體都從合法地位為國效力，不被排斥在外。

筆者在 2014 年實地考察緬甸，研究政經論述中，認為國防軍總司令敏昂萊就是翁山蘇姬未來執政途中一顆不定時炸彈，果真敏昂萊於 2021 年 2 月 1 日發動政變，拘禁翁山蘇姬等，不幸言中。英國的《經濟學人》批評緬甸有諾貝爾和平獎卻無和平。全球維權人士公開批評翁山蘇姬在確保公民權利方面毫無作為。

2016 年 12 月 29 日，包括 12 位諾貝爾和平獎得主，及一位醫學獎在內的 13 位維權人士；包括南非聖公會前大主教屠圖、諾貝爾獎最年輕得主馬拉拉等 13 位諾貝爾得主，聯名致函聯合國安全理事會，指出緬甸羅興亞族人口一百多萬，有數百人遭緬甸軍殺害，女性遭強暴，孩童被丟進火堆，家園被焚。世界人道機構及組織的援助完全遭到緬甸拒絕，讓生活貧困地區，出現人道危機。要求聯合國對緬甸若開邦進行人道援助，讓人權團體進入緬甸觀察，專家警告：「緬甸可能出現種族滅絕，如在盧安達、達佛、波士尼亞和科索沃以前的先例。」

肆、教育體制落伍，無法培育國家治理人才，宗教的勢力超前教育，無法促進經濟的發展

緬甸經濟發展疲敝，因經過半世紀軍人執政、歐美長期經濟制裁，尤以教育體制落伍為主要原因。國民義務教育四年制，初中三年制，高中兩年制，大學四年制。文盲不多，小學生也可用英語與外國人寒暄。

2014 年全國有 36,000 多所小學，學生 500 多萬人；初中 2,150 萬所，學生約 180 多萬人；高中 965 所，學生 65 萬人；大專院校 144 所，其中學院 85 所，大學 59 所，大專院校生約 63 萬人。

依據亞洲開發銀行 2012 年調查報告，緬甸教育品質差，因師資不足，財源缺乏。大學教授少有出國留學，水準差。全國教育預算僅占國家總預算 6.26%。特別是在高中階段沒有設高職和高工技職教育。翁山蘇姬因此利用她獲得的諾貝爾獎金在故鄉設立初級技職訓練中心。

依據聯合國教科文組織（UNESCO）的推估，緬甸國民識字率為 93% 與 ASEAN 各國比毫不遜色。但，總人口中只有 15% 有機會進入大學，能培育國家高級人才，尤其是具有高瞻遠矚出國留學的人才少之又少。教育失速，經濟跟著失速。如果投資教育就是投資國家的明天，可以說緬甸看不到明天。緬甸當務之急，是培育國家級經建人才，任重道遠。

筆者親自實地參訪緬甸全國最好的國立仰光大學。該校成立於 1920 年 12 月，已超過百年歷史，坐落於仰光市美麗的燕子湖畔。校內綠樹成蔭，碧草如茵，花木繁茂，環境幽雅。可惜校舍破爛不堪，貫穿大學的中央大道寬度約臺灣的環球科技大學中央大道三分之一寬。該校設有 17 個學系，培育學碩士和博士。最特殊的是文科學系都以函授授課，不必到校，只要參加學期考試便可。唯有理工科學系才要到學校實驗室做實驗。更妙的是醫科學生准許到私人診所和醫院實習，醫學水準奇差。

伍、宗教興盛，工商不振，經濟落後，民生貧困

緬甸人民約九成信奉佛教，男人在一生中至少要出家一次入寺廟修佛學，才能還俗結婚生子。僧侶在緬甸社會地位崇高，如僧侶搭機，空服員必須以最前排序位接待，時而合掌問候。

緬甸全國大約有 51,000 多座寺塔。有 30 多萬名專業僧侶，2 萬多名尼姑。全國家家戶戶自點燈節（7 月）到潑水節（10 月）迎接佛祖，整整要花 90 天在緬甸的雨季中進行緬甸人的「齋戒期」。

緬甸人不重今生，重來世，人人拜佛求平安，將一生心思集中崇

拜千萬座金塔，不事生產，不重經濟，工商不振，民生落後貧困，是ASEAN 十國中最末之國。

當前，緬甸經濟落後，工商不振，製造業不發達，究其主因：(1) 電力嚴重不足；(2) 資金嚴重不足；(3) 缺乏技術能力；(4) 缺乏創新研發能力；(5) 國營企業壟斷，中小企業及服務業不發達；(6) 軍人隨時干政，政治風險極高；(7) 政府官員貪汙，行政能力極差，外來投資者卻步。

登盛總統軍政時期，積極鼓勵外資投入緬甸勞力密集型產業，如紡織業、製鞋業、電子製造業，增加就業機會，解救緬甸人民的貧困。

第二節　翁山蘇姬文人政府執政下臺商的機會

翁山蘇姬文人政權時期，積極推動技職教育，資通訊產業，培育初級技職工商人才的技術能力。

壹、緬甸當前的「七缺」與臺商強項的「七劍」

緬甸所缺，是臺商的最強項。如臺商的布匹、塑膠原料、鍍鋅鋼板、彩色鋼板、型鋼、化工原料、汽車零配件、肥料、種苗技術、養殖技術、生物技術、醫療器材、體育器材等，都是目前緬甸產業鏈最缺乏的，正好是臺商拓展海外投資產銷的強項。尤其緬甸各下游產業工廠所需的機器設備，更是臺商拓銷的優勢，如食品機械、包裝機、工具機、塑膠機、農業機械、木工機、製鞋機、機械零件、流體機械，以及五金零件與手工工具等，都是緬甸經貿發展過程中需求殷切的項目。緬甸經貿發展目前有「七缺」：缺資金、缺人才、缺技術、缺管理、缺創意、缺研發、缺電力等，而現在臺商正擁有創造經濟產業的「七劍」，如能進軍緬甸經貿市場，將能打下緬甸工商市場一片江山，加上緬甸相對便宜的土地和工資，有機會搶得內外市場商機。

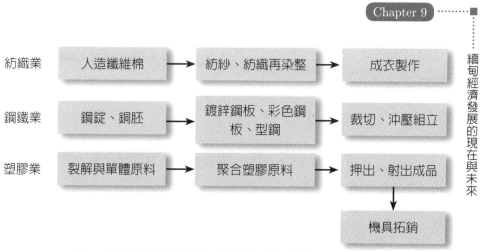

圖 1　適合臺灣廠商拓銷（七劍強項）與投資緬甸商機

資料整理：筆者整理編製。

貳、臺灣產業強項可以投資緬甸市場

一、在新能源綠能方面

臺灣的太陽能板或 LED 照明、風力發電、廢電子產品回收再造新能源等，臺灣的台電公司及民間企業的人才、能力、技術都可為緬甸開發乾淨能源商機。

二、在食品加工產業方面

如泡麵、水果飲料、麵包、乾果、咖啡、茶葉，都是臺商的加工製造強項。

三、在醫療器材用品方面

自動式病床、噴洗式沐浴機、口罩（臺灣已成為世界口罩製造王國）、酒精、消毒水、清潔劑、洗衣粉、洗髮乳、沐浴乳、面膜等美容健身必需品。包裝設計、技術、品管的水準與日本平起平坐，產品價格

又比日本便宜，競爭力強，如能將此等臺灣產業進軍緬甸，確是緬甸人民的幸福。

四、在運動休閒服與運動產業方面

如夾克、帽子、鞋子、風衣、雨衣、雨傘等臺灣產品，品質佳，實用又便宜都可大量銷緬。

五、在體育運動器材方面

有腳踏車王國美譽的臺灣，自行車輪飛全球，大可踏進緬甸貧窮的大街小巷，會受到緬甸人的喜愛，如能入境隨俗在腳踏車前掛上「佛教風鈴」隨風飄響，更是奇景。臺商應該折價當作行銷費，先在商品選項不多的緬甸市場卡位，建立灘頭堡的口碑與通路。

參、現在臺商可以投資的經貿行動

一、中古汽車市場及修車廠

緬甸是二手中古汽車王國，修車業興盛，臺商如能培訓一批修車師傅進入緬甸修車廠，並與緬甸人合作開設中古售車廠（緬甸投資法令規定不准外國人在緬甸設立汽車銷售廠），可與日本中古汽車、印度汽車零配件相抗衡。目前臺商的中古汽車、機車都從中國廣西南寧轉入越南，將來也可從馬來西亞、泰國、寮國、柬埔寨轉入緬甸，可先行先試，邊走邊銷。

二、電腦組裝銷售服務業

目前緬甸仰光電子街的桌上型電腦都以臺灣零件組裝，臺商可考慮設電腦和手機修護站銷售。中國與韓國產品都是臺灣的競爭對手，臺商可考慮先進口零件，在都市型的仰光、曼德勒、奈比都等電子街聚落市

區，自行進口自行組裝銷售，並加售後服務，臺灣可獎勵富有創意創新的青年人進入緬甸創業打天下。

三、臺灣可以農業生物技術協助緬甸「三農發展」

臺灣運用經驗豐富的「三農優勢」，從農村、農業、農產品種改良，自動化小型農機改良做起。因日本農業產品改良成本在緬甸比臺灣貴兩倍，臺灣競爭力比日本強。

目前，臺灣以農業生物技術為緬甸西瓜品種改良成功，大受歡迎。將來如玉米、咖啡、茶葉品種改良都是臺灣的強項。現在緬甸生產的所有水果，以臺灣農業生物技術能力都足以改善它的基因產品，在緬甸建立臺灣農產品基因改造，改良品種，搶先占一席之地。

四、超市零售通路服務業

緬甸市場百貨超市占 20%，批發商場占 20%，傳統雜貨店和小型商店占 60%。臺灣遍地如雨後春筍的購物中心，如能進入緬甸，學日本的「百元商店」每件自 10 元、20 元到 30 元臺幣。在貧窮的緬甸市場，有可能「笑（銷）開懷」。緬甸人口三分之一住都市，消費市場每年成長 20-30%，未來緬甸經貿市場多元化、本土化、精緻化，臺灣產品在大都市如能加強廣告宣傳，建立臺灣商品形象，是臺商當務之急。

五、觀光旅遊業

臺灣現在每年來自世界觀光客約一千萬人，泰國每年觀光客約三千萬人，緬甸約 150 萬人。2012 年 6 月 1 日起，緬甸開始在仰光國際機場給臺、美、日、英、韓、印度等 26 個國家落地簽證。從 2014 年起緬甸觀光客每年增加 30 萬人次，緬甸觀光資源極為豐富，如能進一步與臺灣互相開放免簽，臺灣的觀光旅遊業更可大展身手。現在緬甸建設五

星級觀光大飯店可申請 BOT 式興建，臺商經營觀光飯店不但是能手更是強手，大可發揮臺商的經營潛力。

目前緬甸擁有 70 家飯店，其中外資 22 家，合資 4 家，品質不高，但，2014 年仰光市燕子湖邊的五星級觀光飯店，房間住宿費曾經飆漲到 300 美元。越南商人已搶先在仰光市燕子湖邊以 BOT 方式建了五星級大飯店，距離翁山蘇姬的老家不到 2 公里，每房間每天 500 美元。

肆、臺商投資緬甸的優勢與劣勢

一、優勢

(1) 緬甸廠商普遍認定臺灣產品品質優於中國和泰國；(2) 臺商拓銷態度佳，售後服務佳；(3) 臺灣技術先進，產品價格比歐、美、日本便宜；(4) 臺灣的創新研發力強，產品富有獨特性；(5) 如今體育運動休閒健康的腳踏車產業成為全球「腳踏車王國」，醫療用口罩暢銷世界成為世界「口罩王國」；(6) 臺灣經濟政策符合全球民主自由經濟自由市場的主流，是開拓緬甸經濟發展的希望；(7)ASEAN 各國華僑對臺灣的友情特殊，因同文同種溝通良好，尤其臺灣早期協助緬甸華人來臺留學政策，已經發酵回饋為臺灣廠商獨特優勢，非其他國家能比。

二、劣勢

(1) 各國對緬甸價格競爭激烈，臺灣產品報價往往較中國、泰國高，錯失建立灘頭堡的機會；(2) 臺商缺乏當地政商關係，必須依賴當地人士間接建立人脈和通路，臺灣外貿協會駐仰光辦事處努力就近開拓據點協助臺商貢獻很大；(3) 臺商在緬甸未做好產品行銷廣告，尚未全面建立消費者對臺灣產品品牌的印象，消費者多數不知道臺灣產品，也不了解臺灣，相較於仰光滿街韓國三星廣告與看板，仰光消費者尚無法完全認同臺灣產品；(4) 臺灣輸往緬甸運費成本較緬甸周邊國家高，進

口緬甸稅率高於 ASEAN 10 + 3 各國，影響競爭力；(5) 緬甸政府承認「一中原則」，至今和臺灣無外交關係，經貿交流困難，產業合作不易。

伍、當前緬甸經貿市場的風險

(1) 軍人干政影響全域，外人不能輕忽緬甸政經不穩；(2) 少數民族分離主義與宗教衝突易受國際強權操縱，影響緬甸社會穩定；(3) 普遍存在的官僚與軍事體系的貪汙行為，政府至今尚無對策改善；(4) 官僚未能配合政策，政府的計畫尚需資金和時間才能落實。政令反覆無常，常令人措手不及，以汽車牌照為例，管制數十年，一夕之間突然開放，使汽車業廠商破產；(5) 公、私部門與國際脫節太久，尚未與國際經貿接軌；(6) 電力、物流及基礎建設嚴重不足，數年內改善有限；(7) 工業技術與產業管理人才嚴重不足，須經時間培育，但工資近來上漲幅度比 ASEAN 各國大；(8) 金融體系落後，融資困難，需備大量現金周轉及交易，外匯進出仍有限制；(9) 土地價格及租金飆漲，政府控制力有限；(10) 國會討好民粹，勞工及環保意識抬頭，罷工及為環保抗爭時起；(11) 緬甸勞工慢半拍的工作習性難改，增加人工成本，做事不積極，又不擅用電子郵件，遠距溝通困難；(12) 緬甸對臺商投資與拓銷限制較其他國家多，因臺灣須經第三地才能投資緬甸；(13) 反華陰影時而若隱若現，使華人投資緬甸的信心不足。

陸、翁山蘇姬於2016年3月30日出任國務資政實際領導文人政權，實施民主化，經濟自由化的政策，促進外資投入的機會，未來可以從以下的面向加以分析

一、優越的區位優勢

緬甸在 ASEAN 具有貫穿通往南亞到歐非許多新興經濟之「新絲

路」樞紐地位，連接中國推動串聯「一帶一路」樞紐地位的經濟政策息息相通，流通商旅匯集。

二、多邊貿易協定優勢

緬甸與 ASEAN 10＋3（中、日、韓）與印度之間有 FTA（自由貿易協定）網路，將來歐美對緬甸全面解除經濟制裁後，輸出大門大開更多外資進來。

三、龐大的基礎建設需求

交通、電力、通訊建設缺乏，將來基礎建設結合中國「一帶一路」和「亞投行」資金挹注，商機大增。

四、民生需求商機潛力增加

若歐美經濟制裁全面解除，2016 年以後緬甸每年之實質 GDP 成長率將大於 7.1%，民生工業發展的商機無窮。

五、優質又低廉的勞力供給

緬甸人民認字率達 93%，目前三分之二的就業人口為農業人口，將是工業勞力供給的源泉，基層工資每人每月 70-100 美元，低於 ASEAN 各國和中國。

六、豐富的自然資源

緬甸林木、原油、天然氣、戰略礦產，都是尚未開發的豐富資源，勢必吸引全球資金進入。

七、充分的土地供應

緬甸地廣人稀，地勢平坦，政府計畫開放開發兩萬公頃工業區和經濟特區，廣闊土地尚待利用，商機擴大。

八、緬甸政府推動優惠措施積極招商

於 2012 年公布實施《外人投資法》，並修訂各項工商法令，提供外人投資標的，以及優惠措施，吸引外資。

九、勤奮的華僑掌握大部分工商業

華僑掌握 70% 以上緬甸工商業資源，財力雄厚，政商關係良好，可作為臺灣投資緬甸經貿市場的橋梁。

第三節　臺灣新南向政策與緬甸經濟發展的未來

緬甸被全世界各國投資者視為「全球最後一塊淨土」。2016 年 5 月 20 日登臺的蔡英文政府倡導新南向政策，應劍及履及積極開拓緬甸經貿的大門，搶占先機可從大策略起步：

一、採取新戰略開發緬甸新商機，為緬甸培訓技職人才，先從學術文化與教育合作交流啟動，然後推進緬甸經濟發展舞臺，先以教育的力量，打開經貿大道。這是登盛總統（2011 年）和翁山蘇姬（2016 年）前後兩位緬甸領導人引入外資發展經濟核心策略。因為緬甸軍權政府封閉經貿建設半世紀，尤其打壓大學教育，高等教育長期失去民主自由發展的機會。而經濟發展長期受歐美制裁，鄰居的中國趁其機會給予軍政府軍經支援，泰國也給予經濟物資援助。因此，中、泰兩國現在占有緬甸 50% 以上經貿市場，關係密切。當前臺灣難以直接插手，唯有先從教育文化交流出

發，阻力較少。最困難的是目前臺灣要進入緬甸投資，須先經第三地轉進。緬甸除政經深受中國影響外，泰國也經常政變，和經常政變的緬甸軍是「連體嬰」。

二、透過臺灣的外貿協會結合緬甸當地華僑的工商企業組織團體的影響力，先以臺灣創造經濟奇蹟的中小企業打先鋒，促進臺緬經貿合作交流，投入緬甸經貿發展新市場，開發服務業新商機。

根據臺灣經濟部 2021 年資料，ASEAN 是臺灣第二大貿易夥伴。現在臺商持續在東南亞等國布局，位居緬甸貿易的中、泰之後大投資國。2015 年 12 月 31 日東協經濟共同體（AEC）成立後，對臺灣進入東南亞大門有利。臺商在東協各國常面臨的問題，包括通關效率不彰、法規不透明、濫用貿易救濟措施、投資保障不足等。AEC 成立後有望降低上述進入市場障礙與投資風險。而自 2011 年始的登盛軍權政府至 2016 年翁山蘇姬文人政權，緬甸在提升貿易便捷化，放寬區域內各國投資限制與強化投資保障，通過法規與國際接軌，將法規透明化及制度化，逐漸消除臺灣新南向政策阻礙。

臺灣已成立「行政院對外經貿談判辦公室」，擁有 40 餘位經貿專業公務員，積極爭取加入 TPP 及 RECP 談判，並持續與 ASEAN 各國洽簽 ECA 及各項 MOU。每年 9 月 ASEAN 定期在中國廣西南寧市舉辦中小企業商品國際會展，臺灣只能以外貿協會參展，促銷臺灣中小企業產品。ASEAN 為總人口已超過 6.5 億人的經濟共同體，目前經貿規模超過 2.6 兆美元，預估到 2030 年實力將擴增一倍，這也是臺灣新南向政策的機會。華僑在緬甸，以中國的雲南、福建、廣東籍老僑居多數，分布在仰光 20 萬人，曼德勒 30 萬人，華僑的企業 80% 都是中小企業，多數屬於傳統產業。所以，我國經濟部國貿局與外貿協會，無法正面直接與緬甸政府接談，對臺商較不利。臺商新一代須透過外貿協會在緬甸華僑的親臺的新一代全面建立橋梁，才能脫離來自中國的影響。臺商先進入緬甸華僑的工商團體，逐步創造臺緬經貿共榮共用的合作交流，臺

商才能在緬甸經濟園地生根萌芽成長。

臺灣目前傳統產業發展遇到瓶頸，可將新南向政策下集體進軍緬甸市場與臺灣傳統產業相結合，促進傳統產業轉型升級進入緬甸發展IC、IT、AI 產業和服務業，發揮臺灣產業強項的優勢潛力。此外，臺灣的產、官、學合力，推動進入緬甸工商領域，首要策略要與中國大陸和平相處，才能排除來自中國大陸影響力的風險，增強臺商參與新南向政策的措施的信心，以臺灣的中小企業核心服務業做主力軍，集體進軍緬甸產業市場，臺灣的條件比中國大陸強。如兩岸和平相處將兩岸各具不同的條件與優勢，相互合作，中國能以大事小，使臺灣的新南向政策阻力減少，發揮更大經貿交流力道，這就要看兩岸領導人的心胸與智慧的抉擇。以日本為例，日本以技術、人才、管理、大量資金投注緬甸的經濟工商區開發，僅 2015 年投資 ASEAN 各國中小企業資金共 3,183.2 億日圓（約 1,061 億臺幣），其中投資在緬甸的資金達 1,235 億日圓（約 411 億臺幣），顯見日本落實以經濟延伸外交的新戰略。

2021 年 2 月 1 日乘翁山蘇姬第二次就任國家領導人就職前夕，國防軍總司令敏昂萊發動政變，拘禁翁山蘇姬等人，緬甸軍人干政的老毛病復發。歐美國家回復經濟制裁，聯合國發表聲明呼籲緬甸和平解決不痛不癢。國防總司令敏昂萊老神在在，還親自參加 2021 年 4 月 24 日在印尼雅加達舉行的東協峰會表示不反對東協派遣代表團及提供人道主義援助。因為依據「東協憲章」，東協成員國有責任維護本地區的和平、安全與穩定。緬甸人民反抗政變走向街頭抗爭，軍方強力鎮壓至今死傷超過千人，人民怒火未息。敏昂萊軍人政權自毀承諾，將人民大選日期又宣告延長至 2023 年 8 月，政局不穩，人民絕望。

雖然歐美宣告經濟制裁緬甸，歐美國家卻陷兩難。又逢美國 2021 年 8 月 31 日全面自阿富汗撤軍，引發 ISIS 暴力集團挑戰，美國總統拜登面臨內外政治外交危機。未來如擴大對緬甸制裁範圍，將對軍方希望振興疫後經濟及減緩外資撤出，造成強大殺傷力，但同時亦將衝擊歐美

企業商業利益，造成大量緬甸工人失業，以及緬軍方將尋求中國大陸經濟奧援而更加「親中」。

總之，緬甸要推動政治民主化、經濟自由化，因國防軍總司令敏昂萊發動政變，民主化已是昨日黃花，經濟自由化只是曇花一現，人民望治的希望已是落日黃昏，而軍權烈火如日中天。翁山蘇姬如同墜地的鳳凰，今日又回到十多年前被囚禁原點，未來是否能浴火重生？都不是緬甸未來關鍵問題。因翁山蘇姬高齡已滿 76 歲，歲月不饒人，東山再起機會不大，再風華四年領導緬甸之可能性渺茫。緬甸要長治久安，唯有一途，全民公投修改現行《憲法》，廢除國會議席由軍方指派四分之一議席條文，回歸由全民選舉產生全部國會議席，才能斬草除根，澈底掃除軍人干政的「地雷政治」制度。

臺灣新南向政策的未來走向，現在正處於緬甸兵荒馬亂之際。臺灣應堅持發展民主自由經濟目標，在全世界的民主自由與獨裁專制的十字路口，站穩腳步做智慧選擇，勇往向前，永不放棄。

參考文獻

1. 中央社，2021，〈緬甸軍政府血腥鎮壓，美全面中止貿易往來〉。
2. 中華經濟研究院臺灣東南亞國家協會研究中心，2021，〈緬甸政局對經濟與臺商之影響〉。
3. 徐遵慈，2021，〈經濟制裁緬甸，歐美國家陷兩難〉，聯合報。
4. 經濟部，2020，〈緬甸投資法規與稅務〉。
5. 駐緬甸臺北經濟文化辦事處，2020，《緬甸臺商服務手冊》。
6. KIRIN News Release，2021，〈ミャンマーの現状に関する当社の対応について〉。
7. みずは銀行総合研究所，2021，〈ミヤンアー投資环境〉。

8. 工藤年博、大木博巳，2020，《アウンサンスーチー政權下のミャンマー經濟》，文真堂出版。

9. 日本三菱經濟レポ～ト，2020，〈ミャンマー經濟の現狀と今後の展望〉。

10. 日本中小企業庁，2016-2020，《中小企業白書》。

11. 塚田雄太，2020，〈対外関係と投資环境の改善が課題のミャンマー〉。

國家圖書館出版品預行編目資料

亞洲最後的淨土——緬甸／許文志，張李曉娟，李建宏，許純碩，許淑婷，林三立，林信州，許淑敏著. --初版. --臺北市：五南圖書出版股份有限公司, 2022.09
面；　公分
ISBN 978-626-343-003-7（平裝）

1.CST: 區域研究　2.CST: 經貿政策
3.CST: 政治經濟　4.CST: 緬甸

738.1　　　　　　　　　　111009850

1MAK

亞洲最後的淨土——緬甸

作　　者 ― 許文志、張李曉娟、李建宏、許純碩、

　　　　　許淑婷、林三立、林信州、許淑敏

發 行 人 ― 楊榮川

總 經 理 ― 楊士清

總 編 輯 ― 楊秀麗

主　　編 ― 侯家嵐

責任編輯 ― 吳瑀芳

特約編輯 ― 張碧娟

封面設計 ― 王麗娟

出 版 者 ― 五南圖書出版股份有限公司

地　　址：106台北市大安區和平東路二段339號4樓

電　　話：(02)2705-5066　　傳　　真：(02)2706-6100

網　　址：https://www.wunan.com.tw

電子郵件：wunan@wunan.com.tw

劃撥帳號：01068953

戶　　名：五南圖書出版股份有限公司

法律顧問　林勝安律師事務所　林勝安律師

出版日期　2022年9月初版一刷

定　　價　新臺幣320元

經典永恆・名著常在

五十週年的獻禮——經典名著文庫

五南，五十年了，半個世紀，人生旅程的一大半，走過來了。

思索著，邁向百年的未來歷程，能為知識界、文化學術界作些什麼？

在速食文化的生態下，有什麼值得讓人雋永品味的？

歷代經典・當今名著，經過時間的洗禮，千錘百鍊，流傳至今，光芒耀人；

不僅使我們能領悟前人的智慧，同時也增深加廣我們思考的深度與視野。

我們決心投入巨資，有計畫的系統梳選，成立「經典名著文庫」，

希望收入古今中外思想性的、充滿睿智與獨見的經典、名著。

這是一項理想性的、永續性的巨大出版工程。

不在意讀者的眾寡，只考慮它的學術價值，力求完整展現先哲思想的軌跡；

為知識界開啟一片智慧之窗，營造一座百花綻放的世界文明公園，

任君遨遊、取菁吸蜜、嘉惠學子！